アニメに学ぶ大人の人生哲学

愛と勇気とアンパンマンの言葉

哲学者
山口大学国際総合科学部教授
小川仁志

内外出版社

大人の心に響くアンパンマン

大人のためのアンパンマン。最初このお題をもらった時には、どうすればいいか正直とまどいました。しかもそれを哲学の視点で斬るというのですから。

私も子どもがいるので、彼らが小さなころは多分一緒に見ていたのだと思います。でも、真剣に見ていたわけではありません。その意味で、今回本を書くために改めて見返したわけです。

大人が真剣にアンパンマンを見る。そんなかなかできない経験をさせてもらって気づいたのは、この物語は大人の心にも響くということでした。何を隠そう、感動して涙を流したエピソードさえあります。泣いたり、笑ったり、感心したり。アンパンマンは実際に大人である私の心を大いに揺さぶってくれました。賢者のようなジャムおじさんの含蓄のある言葉、バタコさんの思いやり、チーズの勇気、何よりアンパンマンの愛と勇気。

やっていることのよしあしは別として、ばいきんまんやドキンちゃんの活躍も物語に深みを与えてくれています。彼らが問題を起こしてくれるからこそ、正しさや仲間の意義が浮き彫りになり、ドラマが生まれるからです。

正直、大人になって見返すと、ばいきんまんから学べることがいかに多いかわかります。「悪」とは何か、「友情」とは何か、「食べる」とはどういうことか、など。もちろん反面教師として、あるいは社会問題としてですが。

この物語には、こうした愛すべき主人公たちのほかにも、たくさんのキャラクターが登場します。それがまた『アンパンマン』という物語の魅力でもあります。ちょっときどったカレーパンマンのファンや、かわいいメロンパンナちゃんのファンは割と多いのではないでしょうか。彼ら一人ひとりが、人生にかかわる大事なことを教えてくれているのです。

本書では、そうした言葉の数々を10個のテーマに沿って割り振り、大人が『アンパンマン』から人生を学び直すための工夫をしてみました。

子ども用アニメですから、彼らの言葉自体はとてもシンプルですが、その奥にはとても深いメッセージが込められています。作者のやなせたかしさんの思考の深さがうかがい知れる部分です。そのメッセージが現代の大人たちに響くよう、今回は哲学的な視点で少し掘り下げてみました。

哲学的といっても決して難しい内容ではありません。小学校高学年から大人まで、誰でも読めるよう工夫していますので、ぜひアンパンでも食べながら、気楽に読んでいただけると幸いです。

前置きはこれくらいにして、そろそろアンパンマンに成り代わり、彼らの言葉を届けたいと思います。愛や勇気、自己犠牲や人生の意味。生きる上で大切なことを忘れてしまったすべての大人たちに……。

目次

〈はじめに〉大人の心に響くアンパンマン……3
主な登場人物……16

第1章 食……19

テーマ：感謝 あんなに食べ物を取り上げて平気だなんて、本物の神様ならそんなことはしないはず……20
テーマ：喜び やっぱりみんなが美味しく食べてくれるのが一番うれしいね……24
テーマ：外 お弁当は外で食べるとまた一段と美味しいわね……28
テーマ：素材 その前に水を探すーの、美味しいカプチーノ最高のカプチーノは、最高の水で作るーの……32
テーマ：みんな みんなで食べるはずだったのにぃー……36

第2章 勇気

……41

テーマ：学び
みんながアンパンマンのようになるなんて難しいかもしれませんが、頑張ってくださいね……42

テーマ：経験
アンパンマン、とてもいい経験をしたんじゃないかね……46

テーマ：逃げ
逃げちゃだめだ！　君の勇気と力を見せてやるんだ。今逃げてしまえば、ダメトラのままだー！……50

テーマ：一人前
僕は弱虫なんかじゃないぞ！　パパ、待ってて！……54

テーマ：努力
それに僕もっともっと練習して、マントなしでも飛べるようになるんだ……58

第3章 友情

63

テーマ：協力
二人の息がぴったり合っているね……64

テーマ：贈り物
ブリキッドあげる、もらう。ブリキッドも、お友達も、ハッピー、ハッピー、ハッピー……68

テーマ：献身
みんなに美味しい水を飲んでもらいたくてさ……72

テーマ：プライド
人に助けてもらった時は素直にお礼をいうものだよ……76

テーマ：謙虚
いや、ジャムおじさんやバタコさんの協力があったからですよ……80

第4章 正義

第4章 正義……85

テーマ：道具
じゃあきっと、君の気持ちが
そのままラッパに表れるんだろう……86

テーマ：仁義
アンパンマン……オレ様を助けるなんて、
お前余計なことしやがって……90

テーマ：自然
自然を愛する人っていうのはたくさんいるが、
ちょっと違うみたいだなぁ……94

テーマ：平和
平和できれいな海をいつまでも
守っていきたいもんだな……98

テーマ：暴力
暴力はいけない。しかしやむを得なかった……102

第5章 強さ …… 107

テーマ：力
気はやさしくて力持ちだからねぇ …… 108
テーマ：言葉
これからはもっと大事にするから。やきそばパンマンみたいに一緒にみんなを助けようね、相棒 …… 112
テーマ：あきらめ
しょうがない～失敗したらしょうがない～も一度作ってほうらできるよ …… 116
テーマ：練習
いくら天才といっても、アンパンマンも見たように毎日毎日練習しているからできるんだよ …… 120
テーマ：忍耐
修行、修行じゃ、ばいきんまん！努力、忍耐、やせ我慢 …… 124

第6章 自己犠牲……129

テーマ：覚悟
ドドはアンパンマンたちのやさしさに打たれて助けてくれたんだなぁ……130

テーマ：守る
これからも砂漠の平和を守っておくれ……134

テーマ：犠牲
自分たちのあんこを使って、新しい顔を作ってくれとやってきたんだよ……138

テーマ：利他主義
アンパンマンが戦ってるのにじっとなんかしてられるかって……142

テーマ：ヒーロー
今帰ってきたばかりなのにもうパトロールでしゅか!?やっぱりアンパンマンはすごいでしゅ……146

第7章 悪 …… 151

テーマ：いたずら
いいんじゃよ、あんなもの燃えてしまったほうが。な、らくがきこぞうくん？ …… 152

テーマ：苦手
やっぱり俺様、でかこ母さんは苦手だ…… …… 156

テーマ：宿命
悪いご主人様でもいう通りにしなければならない宿命なのです …… 160

テーマ：欲
ただほど怖いものはない …… 164

テーマ：疎外感
そう思うとなんだかかわいそう …… 168

第8章 やさしさ

第8章 やさしさ……173
テーマ：約束 これからおとなしくしてると約束するなら、その岩をどけて滝つぼに住むことを許してあげるよ……174
テーマ：うらまない そんなことより早く……178
テーマ：赦し わかってくれればいいんだよ……182
テーマ：恥 面目ない。世話になりやした。バタコさんのプレゼントにと思いやしたが、このありさまじゃ合わす顔もござんせん……186
テーマ：かっこよさ ふうん。変わった人だなぁ……190

第9章 愛

愛……195

テーマ：ねぎらい
みんなと一緒に夕焼けを見たくなったんだ……196

テーマ：気持ち
しょくぱんまんに飲んでもらいたくて
一生懸命作ったハーブティーなの……200

テーマ：おおらかさ
甘くておいしいお菓子でいるためには、
心を豊かに持って、明るくおおらかでなくてはね……204

テーマ：心
心が温かくないと美味しい料理は作れないんだよ……208

テーマ：親子
いやいや、親にとっては子どもは
いつまでも子どもなんだよ……212

第10章 生きる意味……217

テーマ：幸せ でもハッピーの押し付けはよくないわよ……218
テーマ：のんびり 心地よき秋も深まる虫の声 慌てず焦らず のんびりと……222
テーマ：勝ち負け いつも最後に負けるのは誰かな？……226
テーマ：人の役に立つ お腹の空いた人の役に立てるなんて、僕うれしいな……230
テーマ：目標 やったぁ百勝目だぁ！ 賞品はみんなにあげるよー……234

〈おわりに〉アンパンマンになりたいと願う皆さんへ……238

主な登場人物

アンパンマン

頭がアンパンでできている正義のヒーロー。いつも街をパトロールしており、お腹を空かせた人に顔を食べさせてあげる。悪いことをする人がいれば、アンパンチやアンキックでこらしめる。力がなくなると、ジャムおじさんが作った新しい顔に交換し、元気が100倍になる。普段はジャムおじさんたちと一緒にパン工場に住んでいる。

アンパンマンの敵たち

ばいきんまん

バイキン星からやってきた、いたずら好きな男の子。普段はバイキン城に住んでおり、バイキン UFO に乗ってやってくる。いつも自ら発明したメカでアンパンマンに戦いを挑むが、負け続けている。

ドキンちゃん

ばいきんまんと同じく、バイキン星からやってきた女の子。バイキン城に居候している。

アンパンマンの仲間たち

ジャムおじさん

パン工場のパン職人で、アンパンマンの生みの親。移動用パン工場のアンパンマン号に乗り、アンパンマンの戦いをサポートする。

バタコさん

パン工場でジャムおじさんの助手をしている女の子。

めいけんチーズ

アンパンマンが子どものころに助けた犬。それ以来、パン工場に住みついている。

カレーパンマン

頭がカレーパンでできている男の子。アンパンマンと同じくジャムおじさんが生みの親だが、パン工場には住んでいない。

しょくぱんまん

頭が食パンでできている、アンパンマンの仲間の一人。心やさしいヒーロー。

メロンパンナ

頭がメロンパンでできている女の子。

第1章

食

感謝、喜び、外、
素材、みんな

《テーマ：感謝》

あんなに食べ物を取り上げて
平気だなんて、
本物の神様なら
そんなことはしないはず

――アンパンマン

84話「アンパンマンとおむすびじま」
(1990年5月28日放送 Aパート)

人間は何かを食べることなしに生きていくことはできません。いや、人間だけではなく、あらゆる生き物がそうです。米やパン、肉や魚、そして野菜を食べます。これらの食べ物はもともとは自然のものなので、すべては天からの恵み、ということができます。つまり神様が与えてくださるものです。

でも、もしその神様が悪魔だったらどうなるのか？　神のふりをしたばいきんまんは、まさに悪魔です。

ばいきんまんはシロザル様と呼ばれる神になりすまし、ある島の人たちを騙して食べ物を独り占めします。人々は飢えに苦しみ、その状況を救ってもらおうと、またシロザル様に従います。絶対的権力を手にしたばいきんまんは、アンパンマンこそが悪魔だとして、彼を捕えるように呼びかけました。食べ物をつかさどる神には、誰もさからえません。結局アンパンマンは捕えられてしまいます。

それでもアンパンマンは、お腹を空かした子どもたちに顔の一部をあげたことで、島の人たちの協力を得られるようになります。そこに、アンパンマンの危機を知ったおむすびまんが助けに駆けつけます。

そしてシロザル様の正体を暴くために、アンパンマンは人々にこういうのです。「あんなに食べ物を取り上げて平気だなんて、本物の神様ならそんなことはしないはず」と。たしかにそうです。神様は人々に食べ物を与えるために存在するのであって、決してその逆ではないはずです。そんな酷いことをするのは、悪魔に決まっています。

考えてみれば、そもそも神という概念を生み出したのは人間です。いったいなんのために？　それは、物事に感謝するためではなかったでしょうか。

この世界には、人間の力ではどうすることもできない出来事が多々起こります。自然に関することは特にそうです。とりわけ自然の恵みである食べ物は、もしそれを十分に手に入れることができなければ、死につながります。だから無駄にしてはいけませんし、手に入ることに感謝しなければならないのです。

そうした気持ちを忘れないようにするために、そして、そうした気持ちを仲間たちと共有するために、人間は神を生み出しました。感謝には、感謝する対象が必要ですから。食べ物を与えてくれる神という存在です。

私たちは食事の前に、「いただきます」と唱えて感謝します。これは本来、神ではなく、食べ物に感謝しているはずです。大切にすべき対象は食べ物であり、神ではありません。しかし島の人たちは、それを取り違えていたのでしょう。神様に従えば、食べ物が手に入ると思っていました。食べ物を取り上げた神様なのに。

おむすびまんとアンパンマンのおかげで、人々は目を覚ましました。そして、神様ではなく、食べ物そのものに感謝をするようになりました。

その後、島の人たちは二人に感謝の意を表すために、島の名前を「おむすび島」、港の名前を「アンパン港」と呼ぶことにしました。

これはきっとおむすびまんとアンパンマンへの感謝にとどまるものではなく、おむすびとアンパンに象徴される米とパンという人間の主食、ひいては食べ物そのものへの感謝を意味しているように思えてなりません。

《テーマ：喜び》

やっぱりみんなが
美味しく食べてくれるのが
一番うれしいね

――ジャムおじさん

1128話「はみがきまんとどんぶりまんトリオ」
（2012年6月1日放送 Aパート）

いつも誰が一番美味しいかでケンカをしているてんどんまん、カツドンマン、かまめしどんのどんぶりまんトリオ。今日こそ決着をつけようとしていたところに、ばいきんまんが現れます。そして、みんなの歯ブラシを奪ってしまうのです。

歯磨きができないと、みんな虫歯になってしまいます。虫歯になると、決着をつけるどころか、誰も丼を食べられなくなってしまいかねません。

そこで彼らは団結して、歯ブラシを取り戻そうとします。アンパンマンの助けもあって、最終的に三人は、歯ブラシを取り戻すことに成功しました。

そして、三人は気づきます。誰が一番などと比較するのではなく、みんなが美味しく食べてくれるということが幸せなのだと。「やっぱりみんなが美味しく食べてくれるのが一番うれしいね」というジャムおじさんの問いかけに、声を揃えて「はい」と答えるどんぶりまんトリオの表情は、とてもいい笑顔でした。

とかく順位をつけたがる世の中です。しかし、人と比べてどうこうではなく、ただ誰かを喜ばせることができるのなら、それが一番幸せなのだということを教えてくれるエピソードです。

本当は、どんぶりまんトリオも純粋に誰かを喜ばせたかっただけなのでしょう。しかしライバルが目の前にいると、つい勝つことに心が奪われてしまい、本当の目的や自分の気持ちが見えなくなってしまいます。そんな時、大事なものを失いそうになったおかげで、目が覚めたようです。


これは私たちの日常でもよくあることです。目先の競争のせいで本来の目的が見えなくなってしまったという経験が、誰にでもあるのではないでしょうか。

たとえば、自分が何のために勉強したり働いたりしているのか、わからなくなったことはないでしょうか。いつの間にか、順位を上げることやライバルに勝つことばかり考えていて、本来の目的がわからなくなっている状態です。夢を叶えたり、誰かを喜ばせるために始めたはずなのに、いつの間にか目的が変わってしまっているのです。

もちろん、競争自体は悪いことではありません。切磋琢磨するのもいいでしょう。

しかし、それはあくまで手段であって、目的ではないはずです。おそらく人間は、初めから闘争本能や競争する習性を備えているのだと思います。だから、ややもすると手段が目的化してしまうのです。

それを避けるには、常に初心に返ることを意識する必要があります。自分はなぜこの勉強を始めたのか、なぜこの仕事を始めたのかと。

どんぶりまんトリオの場合、それは、食べてくれる人を喜ばせるためでした。食べるという行為は、生きることそのものです。何かを食べないと、人は生きていけません。したがって、食べ物を作るということは、人が生きるための手伝いであって、とても素晴らしいことなのです。

エピソードの冒頭でケンカするどんぶりまんトリオを見て、バタコさんが「一番なんて決められないわ」といっていました。でも、一つだけ一番を決めることができるような気がします。それはジャムおじさんの言葉にもあるように、どれだけ人を喜ばせることができたか、です。みんなが喜んでくれることが一番なのです。

《テーマ：外》

お弁当は
外で食べると
また一段と美味しいわね

――バタコさん

1138話「おべんとうまんとSLマン」
（2012年8月31日放送 Aパート）

とっても美味しいお弁当を作るおべんとうまん。アンパンマンたちは彼が作ってくれたお弁当を、パン工場の屋根の上で食べます。その美味しさにみんな大満足。バタコさんは思わずこういいます。「お弁当は外で食べるとまた一段と美味しいわね」と。そう、もともと美味しいお弁当ですが、外で食べるとさらに美味しくなるのです。

おべんとうまんは、そんなお弁当をたくさんの人に食べてもらいたくて、ＳＬマンに乗って色々なところを回ることにします。途中ばいきんまんの邪魔が入ったりしますが、それでもアンパンマンたちの助けによって、なんとか多くの人たちにお弁当を届けることができました。

お弁当のよさは、どこでも食べることができる点にあります。とりわけ外でも食べることができるのが、お弁当の人気の秘密でしょう。遠足やハイキング、お花見などのイベントはもちろんのこと、普段のランチを公園や屋上で食べることも可能です。

お弁当はあらかじめ作っておかないといけないので、作りたてというわけにはいきません。電子レンジで温めることもできますが、そもそも温めなくても美味しく食べられるように工夫されているのが、お弁当の特徴ともいえます。いや、温めなくても、外で食べられるという時点で美味しさが何倍にもなります。

これはみなさんも経験があるのではないでしょうか？　私は運動会が雨で中止になった時に、それを実感しました。小学生の時だったと思います。仕方なく体育館でお弁当を食べたのです。

親が作ったいつもと同じお弁当でしたが、あまり感動がなくて驚いたのを覚えています。え、お弁当ってこんな感じだったかなと。当たり前ですが、おかずは冷たいし、ご飯は心なしか硬い気がしたのです。おそらくそれが現実なのでしょうが、普段は外で食べることが多かったので、そのことに気づかなかったのでしょう。

つまり私の場合、外で食べることで美味しいと感じていたものを、屋内で食べてしまったため、ギャップを感じたわけです。そして外で食べることの素晴らしさに気づいたのです。アンパンマンやバタコさんたちとは逆ですね。彼らは外でお弁当を食べることで、美味しさが増すことに気づいたのですから。

でも、どうして外で食べると美味しさが増すのでしょうか？　よくいわれているのは、動物としての人間の本能だとか、自然からの刺激、といった理由です。外で食べるということは、いつもと違うシチュエーションなので、興奮が増すのだと思います。一言でいうと、非日常性が加わるのです。それは、どんなスパイスを加えるよりも、強力な効果をもたらします。もちろん食事の場所を変えるということ自体が同様の効果をもたらすのでしょうが、やはり、外に勝る場所はありません。

いわばお弁当という小さな箱に詰め込まれた宇宙が、外という無限の空間に解き放たれ、美味しさを無限大に広げてくれるのだと思います。

少し大げさに聞こえるかもしれませんが、これがいかに正しいかは、物語の中でお弁当を手にうれしそうに微笑むみんなの表情が物語っています。

《テーマ：素材》

その前に水を探すーの、
美味しいカプチーノ
最高のカプチーノは、
最高の水で作るーの

――カッパチーノ

1045話「メロンパンナとカッパチーノ」
（2010年8月13日放送 Bパート）

イタリア語風の特徴のある話し方をするカッパチーノは、とにかく陽気で、みんなにカプチーノを作ってくれます。そこでメロンパンナは、いつもパン作りに精を出すジャムおじさんに美味しいカプチーノを飲んでもらいたいと思い、カッパチーノにお願いします。

するとカッパチーノは、「その前に水を探すーの、美味しいカプチーノ最高のカプチーノは、最高の水で作るーの」といって、水を探しに行くことを提案します。美味しいカプチーノは美味しい水によって作られるからです。

こうしてメロンパンナとクリームパンダは、カッパチーノと共に最高の水を探しに出かけます。川を上流までさかのぼりながら、三人は最高の水を求めて歩いていきます。そしてついに、その水を見つけるのです。

途中でいつものごとくばいきんまんの邪魔が入りますが、なんとかことなきを得て、最終的にはジャムおじさんに美味しいカプチーノを飲んでもらうことができました。

ここから得られる教訓は、素材にこだわることの大切さです。どんな食べ物や飲み物も、すべては素材からできています。いくら調理方法がよくても、また調味料がよくても、素材が悪ければどうしようもありません。

また、素材がよいだけでもいけません。カプチーノの場合、淹れ方が重要になってきます。素材の特性をよく知り、そのよさを最大限に生かすような調理方法が求められるわけです。そのためにはまず、素材のことをよく知らなければなりません。

素材にこだわるというのはそういうことです。あえて哲学的にいうなら、素材の本質を探究する必要があるということです。本質というのは、物事の一番大事な部分のことです。困ったことに、本質はいつも隠れています。だからよく考えないと何が本質なのか気づかないのです。もしそれを知りたいなら、物事の意味や役割を少し考えてみるといいでしょう。

たとえば野菜や水の場合、各々の素材は自然の中に存在するものであって、それゆえに自然の中での役割があります。その役割がそのまま本質になるわけです。

最高の水は、余分なものを何も含まない純粋さが、その本質なのではないでしょうか。だから、深煎りのコーヒー豆やミルクを引き立てるのだと思います。

こんなふうに、本質を考えるということが素材を生かすための最大のポイントだといえそうですが、それだけではありません。もう一つ大事なことがあるように思います。

それは、やさしさです。そもそも素材にこだわるということは、可能な限り美味しいものを作ろうとする気持ちから来ているのだと思います。それは、食べてもらう人や飲んでもらう人に、喜んでもらいたいというやさしい気持ちの表れといえるのではないでしょうか。

このように、本質を考える思考とやさしさという感情の二つが混ざり合った時に初めて、人は本当に美味しいものを作ることができるのです。カッパチーノの淹れるカプチーノのように。

《テーマ：みんな》

みんなで
食べるはずだったのにぃー

——ポットちゃん

10話「アンパンマンとポットちゃん」
（1988年12月5日放送 Bパート）

かわいいピンクのポットちゃんは、転んで気を失っていたところをアンパンマンに助けられます。おかげですっかり元気になって、みんなでピクニックに行くことを計画します。彼女は美味しい紅茶を淹れることができるので、それをふるまおうと思ったのです。

そこに、ばいきんまんがやってきました。彼はポットちゃんのことが気に入り、連れ去って二人だけでピクニックを楽しもうとしたのです。ご馳走を並べ、一緒に食べようと誘うばいきんまんに対し、ポットちゃんは泣きながらこういいました。「みんなで食べるはずだったのにぃー」と。

もちろん最後は、アンパンマンが現れて無事彼女を救出します。そしてみんなでピクニックを楽しむことができました。ポットちゃんもとても楽しそうです。

そう、同じものを食べるにしても、誰と食べるかがとても重要なのです。

食べるという行為には様々な要素があります。誰と食べるかのほかにも、味、栄養、量、見た目、シチュエーション等々。

でも、一番大事な要素は何かと問われたら、私は誰と食べるかを挙げたいと思います。

その点でポットちゃんの気持ちはよくわかります。人間は生存のために胃袋を満たすだけでは飽き足らない生き物です。そして、食べるという行為は極めて文化的なものです。そこには思想や物語など、様々な要素が入っています。

文化によって食べるものが違ったり、同じ一人の人間でも好き嫌いが変わったりするのには、その人の考え方が大きく影響しています。あえていうなら、人間は口ではなく、頭で食べているのでしょう。そして、食事によって本当に満たされるのは、胃袋ではなく心なのです。

心を満たすためには、愛を感じたり、友情を感じたり、喜びを感じる必要があります。それを与えてくれるのが、一緒に食べる人なのです。食事を共にする人が、自分の心の隙間や足りない部分を埋めてくれます。

だからみんなで食べるのが一番いい、ということになるのでしょう。なぜなら色々な人がいることで、自分の心の様々な部分が埋められるからです。

人によって考え方や持っている能力は異なります。数が多ければ多いほど、多様な刺激を与えてくれるのです。あたかも様々なスパイスが心にふりかかるかのように。

他方、一番寂しいのは、独りで食べざるを得ない時です。望んで独りで食べる場合は別ですが、みんなと食べたいのに、それができない寂しさ。

ばいきんまんは最後、とてもうらやましそうにみんなを見ていました。きっと彼も、みんなと一緒に食べたかったのでしょう。それができなかったのは自業自得ですが、少なくともみんなと食べたいという気持ちがあるのは救いです。彼の心もまた、様々なスパイスを求めている証拠ですから。アンパンマンたちの愛と勇気、そしてやさしさというスパイスも含めて。

第2章

勇気

学び、経験、逃げ、
一人前、努力

《テーマ：学び》

みんながアンパンマンのように
なるなんて
難しいかもしれませんが、
頑張ってくださいね

――ジャムおじさん

584話「ばいきんまんとドリアン王女」
（2000年9月29日放送 Aパート）

わが身を気にすることなく、崖から落ちるカバオくんを助けたアンパンマン。それを見たドリアン王女は、感銘を受けます。「なんという勇気！　なんというやさしさ！」と。そして、みんながアンパンマンのようになれるよう、愛と勇気を教えるための「アンパンマン教室」を開くことを決心しました。

ところが、いくら宣伝してもなかなか人が集まってきません。がっかりする王女を見かねて、側近がフルーツ食べ放題をだしに、ばいきんまんとドキンちゃんを誘います。しかし、彼らに愛や勇気がわかるわけがありません。

ほかの人たちも、別に愛と勇気を学ぶこと自体は嫌ではないのでしょうが、どうも自分には無理そう、と感じているようです。それだけ勇気ややさしさを持つことは、簡単なことではないのです。

特に、アンパンマンのように自分の身の危険を顧みることなく人を助けられる人はまれです。だからジャムおじさんは、ドリアン王女にこういったのです。「みんながアンパンマンのようになるなんて難しいかもしれませんが、頑張ってくださいね」と。

つまり、愛と勇気の意味、そしてそれを持つことの大切さを説くのは大事だけれど、みんながアンパンマンのような高いレベルでそれを持つことを期待するのは難しい、ということなのでしょう。

だからといって、決してやめておいた方がいい、などといいたいわけではありません。むしろ、もっと自然に学べるようにした方がいい、といいたいのではないでしょうか。その方が、自分にやれること、やるべきことがより明確になるからです。

とかく教育というのは、理想を押し付けがちです。そうすると、いくら大切なことでも自分には無理だと思ったり、無関係だと思ってしまうことがあります。

偉人を讃えて、みんなあんなふうになりましょうといわれても、多くの人は引いてしまうでしょう。みんながアンパンマン教室への誘いに引いてしまったように。

ましてや勇気に関していうと、これは相当の覚悟が必要です。崖から落ちそうな人がいた時、必ず飛び込んで助けなければならないとしたら、どうでしょう？　おそらく誰も勇気など持ちたくないと思うのではないでしょうか。

それに、何事も義務だといわれると反発してしまうものです。どうして自分がやらされなければならないのかと。

アンパンマン教室も、王女が開いているところが問題です。王女は権力者ですから、権力者に勇気を強いられるというのは、まるで戦争にでも行って戦って来いといわれているような気がしても、おかしくないでしょう。

でも反対に、ふと誰かが人助けをしているのを見て、偉いなとか素敵だなと感じれば、自然に自分も同じような行動が取れるかもしれません。

あくまで自分にできる範囲で、探り探り。自分にはあそこまではできないけれど、少しくらいはいいことをしたいなとか、少しくらいは助けたいなというふうに。

結局勇気とは、こうあるべきと教えるものではなく、こうかもしれないと自分で学ぶことであるような気がしてなりません。

日頃アンパンマンは、まさに私たちにそんな素敵な行動をさりげなく見せてくれているのだと思います。

《テーマ：経験》

アンパンマン、とてもいい経験をしたんじゃないかね

――ジャムおじさん

39話「アンパンマンとゆうきのはな」
（1989年7月10日放送 Bパート）

アンパンマンはパンです。だからジャムおじさんは、いつもアンパンマンの顔を丹精込めて焼いています。小麦粉を水で練って、そしてそこに「ゆうきのはな」を入れます。

ゆうきのはなというのは、文字通り花のことです。どうやらその花を入れるおかげで、アンパンマンは特別な勇気が出せるようなのです。

ところがある日、その花がすべてばいきんまんに荒らされてしまいます。やむなく遠い北の国までその花を取りに行ったアンパンマン。

勇気を欠いた彼の前に待ち受けていたのは、またしてもばいきんまんでした。なんとか先にゆうきのはなを手に入れようとしますが、いつもの勇気が出ません。ばいきんまんにやられても、反撃できないのです。挙句の果てに、弱虫扱いされてしまいます。

最後はジャムおじさんの助けもあって、なんとかゆうきのはな入りの新しい顔を手にし、ばいきんまんを撃退することに成功します。

そんなアンパンマンに、ジャムおじさんはこんな意外な言葉をかけます。「アンパンマン、とてもいい経験をしたんじゃないかね」と。

今回アンパンマンは、勇気がないことで弱虫になってしまいました。おそらくこんなことは彼にとって初めての経験でしょう。顔が半分になったり、水に濡れたりしたせいで力が出ないことはよくあります。でも、勇気が出ないということはありませんでした。

おかげで彼は、勇気の大切さを学んだようです。実際、最後はアンパンマンのこんなセリフで締めくくられていました。「勇気ってとっても大切なことなんですね」と。

いや、もしかしたら、ジャムおじさんのいういい経験とは、もっと深いことを意味しているのかもしれません。それは、弱さを知ったということです。アンパンマンは常に強い自分しか知らなかったのですから。

でも、自分も弱くなるということ、そして弱さとはどんな気持ちなのかを知ったという意味では、すごくいい経験であるように思います。それによって人の痛みや、恐れに共感できるでしょうから。

成功するうえで勇気はもちろん大事ですが、弱さを知ることもそれと同じくらい大事なことです。きっとアンパンマンはこの経験を経て、ますます他者にやさしくできるようになれたのではないでしょうか。

何事も失ってみないと、その意味はわからないものです。それが当たり前のようにある間は、本来の姿が見えていないのかもしれません。勇気があるのが当たり前だと思うと、勇気をうまく使いこなすことができないかもしれない、ということです。

アンパンマンは違うと思いますが、中には勇気を使う場面を間違えたり、使い過ぎたりする人もいるでしょう。それは勇気ではなく、無謀です。

でも、勇気の意味を知った人間は、それを適切に使いこなせるようになるのです。

古代ギリシアの哲学者アリストテレスは、まさに勇気とは、無謀と臆病の間にあるものだと論じていました。やはり臆病や弱さを知らないと、真の勇気を持つことはできないようです。

《テーマ：逃げ》

逃げちゃだめだ！
君の勇気と力を見せてやるんだ。
今逃げてしまえば、
ダメトラのままだー！

――アンパンマン

18話「アンパンマンまじょのくにへ」
（1989年2月6日放送 Aパート）

魔女の魔法によって小さくされてしまったアンパンマン。魔女の国に連れ去られ、魔法の薬の材料にするために、瓶の中に閉じ込められます。その瓶の中で出逢ったのが、同じく小さくされてしまった一匹のトラでした。彼は自分のことを弱虫のダメトラだと思っており、そのせいで魔法にかけられてしまったというのです。

そこでアンパンマンは、トラを勇気づけるために、自分のたんこぶを食べさせてあげます。すると、トラはみるみる大きくなり、瓶の中から脱出することに成功しました。そして、同じように捕まっていたほかの人たちを助けます。

ところがそこに魔女が現れると、さっきまで威勢のよかったトラが、途端におびえ始めました。一度魔法で小さくされてしまったので、恐怖心が残っていたのでしょう。彼はついに逃げ出してしまいました。

魔法のせいで小さくされたままのアンパンマンは、そんなトラを必死になって説得します。「逃げちゃだめだ！　君の勇気と力を見せてやるんだ。今逃げてしまえば、ダメトラのままだー！」と。

その言葉に奮起したトラは、「ダメトラは嫌だー」と叫びながら、見事魔女をやっつけました。

誰しも、自分に烙印を押したくないものです。自分のことをダメ人間だとは思いたくないのでしょう。とりわけ、一度逃げてダメな状態を経験したことがある人は。かくいう私にも、まさにそんな時期がありました。だからこそ、ダメトラの気持ちがわかります。

人は逃げることで、楽になれます。でも、それは一時的なものです。すぐに逃げたことを後悔し、その状態が嫌になります。

とはいえ一度逃げてしまうと、なかなか元には戻れません。元に戻ることが怖かったり、逃げ癖がついたりしてしまうからです。あるいは、逃げちゃいけないと頭ではわかっていても、体が動かないのです。

このトラもそういう気持ちだったに違いありません。魔女が現れて再び恐怖心が芽生えてきたのです。いや、ダメな自分を思い出した、といった方が正確でしょうか。

そして急に自信を失ってしまったわけです。

その後、アンパンマンのおかげで、ダメトラは元の状態に戻れました。ばいきんまんとの戦いを通じて様々な経験をしてきたアンパンマンには、その気持ちがよく理解できたのだと思います。だからこそ、多少きつい言葉であっても、トラを励ましたのです。逃げちゃだめだ、そのままだとダメトラのままだ、と。

では、どうしてトラはこのアンパンマンの言葉に奮起したのか？　それはトラにとって、ダメトラに逆戻りするということが、魔女以上に怖かったからだと思います。ダメな自分との戦いは地獄です。過去の失敗が常に頭をよぎる、頑張りたいのに頑張れない、孤独と絶望が襲いかかる……。それは魔女に魔法をかけられるより辛い状況なのです。

アンパンマンの言葉はそんなトラに、魔法の言葉のように響いたのだと思います。きっと魔女のものよりも強力で、素敵な魔法がトラにかかったのでしょう。

《テーマ：一人前》

僕は弱虫なんかじゃないぞ！
パパ、待ってて！

——ラクダット

33話「アンパンマンとピラミッドののろい」
（1989年5月29日放送 Aパート）

アンパンマンはジャムおじさんらと一緒に、砂漠の中にあるピラミッドへと向かっています。新しいパンの着想を得ることが目的です。でも、途中でアンパンマン号が故障してしまいました。

そこで出逢ったのが、ラクダの子どものラクダットです。彼はピラミッド守のお父さんとお母さんが旅行中のため、代わりにパトロールをしているといいます。

しかしそこにばいきんまんが現れて、ラクダットを連れ去ってしまいました。ばいきんまんは、財宝目当てでピラミッドの入口を探しているところでした。

弱虫のラクダットは、ばいきんまんをピラミッドの中に入れてしまいます。するとピラミッドの中が崩れ出し、大変なことに。ラクダットは、怖くて逃げ出してしまいました。

旅行から戻ったラクダのお父さんは、ピラミッドの崩壊を止めるため中に入ります。しかし、かえって危険な目に遭ってしまうはめに。

その様子を見て、ついにラクダットが勇気を出します。「僕は弱虫なんかじゃないぞ！　パパ、待ってて！」と。

こうしてラクダットは、見事全員を救い出すことに成功しました。ラクダットが一人前のピラミッド守になった瞬間です。いや、その一歩を踏み出した瞬間、といった方が正確でしょう。

現にお父さんは物語の最後、息子にこう声をかけていました。「早く一人前のピラミッド守になっておくれ」と。一人前になるのは、そう簡単ではないのです。

今回の件でお父さんは、ラクダットの勇気を褒め、彼が強くなったこと自体は認めていました。ただ、それですぐに一人前になれるかというと、そうではありません。一人前というのは、きちんと自立して、その人に任されたことのすべてを一人でやり遂げられる状態をいうのではないでしょうか。その意味では、ラクダットはまだまだ一人前とはいえません。その入口に立っただけです。

それでも、入口に立てるかそうでないかは大きな違いです。入口に立ちさえすれば、後は力強く歩んでいくだけなのですから。

では、入口に立てる人とそうでない人を分けるものは何か？　それは勇気にほかなりません。一人前になるために一番大事な部分です。

一人前になるとは、自分の力ですべてをやり遂げることです。そのためには、人に頼ることなく粘り続ける必要があります。それを可能にするのが、勇気です。

どんな困難も決してあきらめることなく、果敢に決断することで前に進んでいく。それなくしては、一人前の仕事はできません。


逆にいうと、決断を求められることこそ、一人前の証です。誰もが人生のどこかで、一人前になるための試練を与えられているのだと思います。その時、決断できた人だけが、勇気を手にするのでしょう。ラクダットのように。

そうやって手にした勇気は本物です。おそらく一生自分の武器になるに違いありません。あの時できたのだから、きっと大丈夫と。

その本物の勇気が、一人前になるための道を力強く歩ませてくれるのです。だからまずは、自分に勇気をあげてください。僕は弱虫なんかじゃないぞと。

《テーマ：努力》

それに僕
もっともっと練習して、
マントなしでも
飛べるようになるんだ

――ペンギンくん

8話「アンパンマンとたんこぶまん」
（1988年11月21日放送 Aパート）

小さなペンギンくんは、ほかの鳥たちと同じように、空を飛びたいと思っています。でも、必死に努力してもなかなかうまく飛べません。そこでアンパンマンのマントを借りて、空を飛ぶ練習に出かけました。

その時、ばいきんまんが現れました。マントがなくて空を飛べないアンパンマンを痛めつけます。アンパンマンが万事休すというその瞬間、マントをつけたペンギンくんが戻ってきました。そして体を張ってアンパンマンを守ります。マントを手にしたアンパンマンは、ばいきんまんの激しい攻撃に耐えながらも、最後は無事、ばいきんまんをやっつけることができました。

そして、アンパンマンがまたマントを貸してあげようとすると、ペンギンくんは、アンパンマンが弱くなるからいい、と冗談交じりに断った後、こう誓います。「それに僕もっともっと練習して、マントなしでも飛べるようになるんだ」と。

別れ際、ペンギンくんはアンパンマンを追いかけながら、自然に空を飛んでいました。ほんの少しでしたが、日頃の努力が実を結んだのでしょう。いや、マントなしで飛べるようになると誓ったことにより、本当の勇気が湧いてきたのかもしれません。

誰かや何かの力に頼っているうちは、物事はうまくいかないものです。たとえ努力をしていたとしても。

おそらく心のどこかに甘えがあるのでしょう。うまくいかない時は助けてもらえると考えてしまうため、思い切った力を発揮することができないのです。

守られているというのは、安心を生み出すと同時に慢心をも生み出します。本当は自分の力ではないのに、うまくいっていることにうぬぼれてしまうのだと思います。だから、自分の力で安心を脱ぎ捨てる必要があるのです。ペンギンくんがマントを脱ぎ捨て、自分の力だけで飛ぼうと誓ったように。

これまで頼りにしていたものを捨てる勇気。それは、その後に求められる努力に対する覚悟をも意味します。自分の力でやっていくということは、それなりの苦労を伴うからです。

簡単にできていることが、長い時間をかけて苦労して手に入れなくてはいけないものに変わってしまう。それは、気の遠くなるような人生の変化です。

でも人は、時にそういう決断をします。何かに頼って楽をしている自分が偽物に思えてくるからでしょう。何かに頼る自分が持っているものは、全部偽物です。能力も勇気も。

もしかしたら、他者からは偽物か本物かの区別はつかないかもしれません。それでも、自分にはわかります。だから本物に出逢った時、自分が恥ずかしくなるのです。ペンギンくんの場合は、アンパンマンの戦う姿を見て、人のマントに頼って飛ぼうとする自分のカッコ悪さに気づいたのでしょう。

その意味で、自分って人に頼ってばかりだな、カッコ悪いな、と感じている人はラッキーです。本物になれるチャンスですから。

ぜひ落ち込まずに、心のマントを脱ぎ捨ててみてください。大丈夫、きっと飛べるはず。

第3章

友情

協力、贈り物、献身、
プライド、謙虚

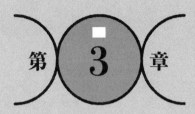

《テーマ：協力》

二人の息がぴったり合っているね

――ジャムおじさん

1044話「ゆず姫とほたる王子」
（2010年7月30日放送 Bパート）

楽器もダンスも付け焼き刃ではうまくいきません。日頃の地道な努力があって初めて、美しい音色を奏でたり、素敵な動きで人々を魅了することができるのです。

琴の練習をしていたゆず姫ですが、練習に飽きたのか、爺やの目を盗んで外に飛び出してしまいます。そこで目にしたのが、同じく光のコンサートのための練習に飽きて単独行動をする、ほたる王子でした。

ゆず姫は、ほたるたちの美しい舞を見ていたので、なんとかほたる王子を連れ戻そうと努力します。きっと、彼と一緒にコンサートを開きたかったのでしょう。

その後、いつものようにばいきんまんの邪魔が入りますが、アンパンマンの助けもあって、なんとか難局を乗り切った二人は、無事、光のコンサートを開催します。ゆず姫の琴の美しい音色、そしてほたる王子の美しいダンス。二人の息はぴったりでした。

そのパフォーマンスを見て、ジャムおじさんはこうつぶやきます。「二人の息がぴったり合っているね」と。


このエピソードからは、仲間の大切さ、ひいては仲間と協力することの大切さが伝わってきます。

パフォーマンスは、みんなの息を合わせることが一番大事です。部活動で吹奏楽やダンス、演劇部などに入っていた人はよくわかるでしょう。また、クラスでの合唱や文化祭で出し物をする時に、息を合わせることの大切さを実感した人もいるのではないでしょうか。

あるいは、日頃家庭や職場でも、自分以外の誰かと何かをする時には、必ず息を合わせる必要があると思います。そうして初めて、協同作業はうまくいくのです。にもかかわらず、私たちはつい自分の力を過信して単独行動に出たり、仲間との調和を乱したりしてしまいます。自分の踊りに自信を持っていたがゆえに飛び出してしまったほたる王子のように。

そんなことをしても、結局いいパフォーマンスをすることはできません。なぜなら、この世のすべては協同で成り立っているからです。自分一人でできることなどないのです。たとえフリーランスで仕事をしていたとしても、何かをするには仲間が必要ですし、そもそもお客さんが必要でしょう。

自分一人だけでなんでもやれるというのは、単なる驕りにすぎません。もちろん、それでも何かできるかもしれませんが、仲間と共に作り上げるパフォーマンスにはかなわないはずです。たしかにゆず姫の琴の音は一人でも美しいものでしたし、ほたる王子の踊りも素晴らしいものでした。でも、ゆず姫とほたる王子の息の合ったパフォーマンスには、いずれもかないません。

人間も同じです。私たちは一人ひとりが何らかの才能や能力を持っています。それはそれで素晴らしいものですが、そんなみんなの才能や能力が一つになった時、きっとこの世界を動かすすごい力が発揮されるのだと思います。

決して自分の力を過信するのではなく、仲間の力を信じて協力し合う。それこそが本当の力なのです。

《テーマ：贈り物》

ブリキッドあげる、もらう。
ブリキッドも、お友達も、
ハッピー、ハッピー、ハッピー

——ブリキッド

1097話「アンパンマンとブリキッド」
（2011年9月30日放送 Bパート）

宇宙からきたおもちゃのロボット、ブリキッド。彼は色々な星を回り、人々にブリキのおもちゃをあげています。そうやってみんなを幸せにすることが、彼の使命です。最初はみんなにおもちゃを配って喜ばせていたのですが、運悪くばいきんまんに利用されてしまいます。コントローラーを体内に仕掛けられ、悪者になってしまうのです。すっかり悪者の心になってしまったブリキッドでしたが、以前おもちゃをあげた子どもたちからお礼のプレゼントをもらい、温かい心がよみがえってきます。そして、そのプレゼントを体内に入れた瞬間、また元のやさしいブリキッドに戻ることができました。

別の星に向かうことになったブリキッドは、みんなにこうあいさつしました。「ブリキッドあげる、もらう。ブリキッドも、お友達も、ハッピー、ハッピー、ハッピー」と。何かをあげるという行為は、友達になるきっかけの一つです。その結果、相手からも何かお礼をもらうことで、お互いが幸せになり、友情が芽生えます。

しかし、友情は一方的であってはいけません。一方的に気遣うのは同情ですし、ばいきんまんのように、単に相手を利用しようというケースさえ見受けられます。

真の友情というのは、相手のことを自分と同じように思い、大切にする態度なのではないでしょうか。したがって、何かをあげたりもらったりする時も、何でもいいというわけにはいかないのです。


贈り物というのは、心がこもっていないと、ただの物です。だから子どもたちは、ブリキッドにお礼として自分の大切な宝物をあげることで、感謝の気持ちを伝えようとしました。きっとその思いがブリキッドに伝わったのでしょう。

友情が強く美しいのは、その背後に心があるからだと思います。心をあげることはできないので、人は贈り物をします。贈り物とは、単なる物ではなく、心そのものなのです。

子どもたちからもらった宝物をお腹の中に入れたブリキッドは、「胸ポカポカ、温かい」とつぶやいていました。

ばいきんまんの仕業で心がすさんでしまった彼は、子どもたちの心＝贈り物によって、自分の心を取り戻したといってもいいでしょう。

その意味では、別に物でなくてもいいのかもしれません。心のこもった言葉や態度もまた、相手の心を温かくすることができるはずですから。

面白いことにブリキのおもちゃは、材質の性質上冷たいものです。めっきをした鋼板です。にもかかわらず、どこか懐かしくやさしい感じがするのはなぜか？　きっと私たちの心がそこに投影されているからなのだと思います。誰しもブリキのおもちゃで遊んだ経験があるのではないでしょうか。もしかしたらそのおもちゃを友達と交換して、友情が芽生えたなどということもあったのでは？　ブリキッドのエピソードは、ふとそんな子どものころの記憶を思い出させてくれます。

彼はいろんな星を回りながら、人々に贈り物や友情の大切さを伝えているのかもしれません。もちろんブリキのおもちゃの魅力も……。

《テーマ：献身》

みんなに
美味しい水を
飲んでもらいたくてさ

――やかんまん

18話「アンパンマンとやかんまん」
（1989年2月6日放送 Bパート）

沸騰したら笛が鳴るタイプの新しいやかんの登場で、すっかり自分の居場所を失ってしまったやかんまん。川で溺れたところをアンパンマンに助けられますが、プライドが高いのか、なかなか素直にお礼をいえません。

それでも、ジャムおじさんの工場でみんなのやさしさに触れ、徐々に心を開いていきます。バタコさんにお風呂できれいにしてもらったり、ジャムおじさんに凹んだところを叩いて新品同様にしてもらったりして。

そこでやかんまんは、恩返しをしようと心に決めます。遠い山の奥にある泉まで出向き、体を張って美味しい水を汲んできたのです。みんなに美味しい水を飲んでもらいたかったからです。

そうして彼は、周囲からの信頼を勝ち取ります。いや、本当は、周囲のみんなは最初からやかんまんのことを認めて受け入れていたのですが、彼自身がそれをよしとしませんでした。してもらってばかりで、自分から与えるということができていなかったからでしょう。

仲間になるということは、対等な関係になることです。憐れみや同情から、一方的によくしてもらうことではありません。いわば献身が必要なのです。みんなのために汗をかいて初めて、対等な立場で接してもらえるのです。

これは決してやかんまんのプライドが高いからではなく、誰しもそう感じるのだと思います。

そもそも、人が誰かと仲間になるのは、助け合うためです。助け合うことで、大きな力を出すことができるからです。

とはいえ、物理的に何かをしなければならないとは限りません。存在するだけで人を勇気づけ、幸せにしてくれる人たちもいます。かわいい顔ですやすや眠る赤ちゃんもそうでしょう。それも立派な献身です。おそらく人それぞれの献身の仕方があるのだと思います。逆に、人と同じことをしてもそれほど評価されないことがあるのは、そうした理由からです。

やかんまんの場合、美味しい水を汲んできてみんなに振る舞うことが、彼の考える献身でした。

献身というのは身を捧げることであって、それなりに困難を伴うものでなければなりません。困難を乗り越え、みんなのために尽くしてくれたからこそ、感謝されるわけです。その意味では、結果はどうでもいいのでしょう。気持ちの問題なのです。特に仲間になるうえでは。

なぜなら、仲間というのは継続することを前提にした集団であって、その場限りの関係とは異なります。だから、その時失敗したり結果が出なくても、献身したいという気持ちさえあれば十分なのです。

先ほど、仲間になるには助け合いが大事だといいましたが、正確には、助け合おうとする気持ちが大事だ、ということなのでしょう。仲間を一つにつなぐものは、物でもなければ行為でもありません。それは気持ちなのです。

そういえば、アンパンマンたちの仲間になったやかんまんは、みんなと一緒に綱引き大会に出て勝利に貢献しました。相手は強敵のクマチームでしたが、きっと全員の気持ちが一つになったから、思いもよらない大きな力が出せたのでしょう。

《テーマ：プライド》

人に助けてもらった時は
素直にお礼をいうものだよ

――しょくぱんまん

3話「アンパンマンとしょくぱんまん」
（1988年10月17日放送 Bパート）

まんまとばいきんまんの罠にかかり、アンパンマンと共にピンチに陥ってしまったカレーパンマン。そこにしょくぱんまんが現れ、二人は助けてもらいます。ところが、お礼をいうアンパンマンとは対照的に、カレーパンマンは別に助けてもらわなくてもよかった、とひねくれた態度を取ります。そこでしょくぱんまんは、彼を諭すようにこういいました。「人に助けてもらった時は素直にお礼をいうものだよ」と。

どうもカレーパンマンは、プライドが高いようです。そのプライドが邪魔をして、お礼をいえないのです。初対面の人にならいえたのかもしれませんが、彼らは友達です。友達だからこそ、素直になれないのでしょう。

そうこうしているうちに、今度はしょくぱんまんがばいきんまんに捕まってしまいます。助けに入ったアンパンマンとカレーパンマンですが、カレーパンマンはまたプライドが邪魔をして油断してしまい、ばいきんまんに攻撃の隙を与えます。

最後はカレーパンマンがなんとかプライドを捨てて、三人で力を合わせて戦ったおかげで、難を逃れることができました。

この出来事から、カレーパンマンも助け合うことの大切さを知ったようです。困った時はお互い様だ、といっていました。

そう、友達が困っているのに、プライドも何も関係ありません。中には友達とは、互いに切磋琢磨するライバルだ、という人もいますが、その前に仲間です。

そもそも友達がライバルになるのは、互いへの尊敬があるからでしょう。自分と競争するにふさわしい相手だと認めているからです。そうでなければ相手にしないはずです。だから、勝つこともあるし負けることがあるのも当たり前です。勝っても負けても、素直に認めるべきなのです。

何より、親しき中にも礼儀ありというように、友達だからこそ、助けてもらった時はきちんと礼をいうべきなのではないでしょうか。そういうことの積み重ねが、尊敬の念や信頼関係を強固にしていくわけです。

もしかしたら、アンパンマンとカレーパンマン、そしてしょくぱんまんの間には、そんな気遣いは必要ないのかもしれません。実際、カレーパンマンの態度をしょくぱんまんは気にも留めていませんでした。きざなやつは嫌いだと豪語していたカレーパンマンも、しょくぱんまんがピンチに陥れば、体を張って助けていました。

彼らの間には、戦いを通して、文字通り戦友にしかわからない強い絆があるのでしょう。互いの性格をきちんと熟知したうえで、ケンカしたり、悪態をついたりする。でも、いざという時には必ず仲間を助ける。どうやらそれこそが、彼らにとっての真のプライドのようです。


とはいえ、助けてもらったら素直にお礼をいうべきでしょう。その行為が、絆をさらに盤石なものにします。アンパンマンたちのように。そういう時の言葉には、日頃照れくさくていいえない素直な思いがぎゅっと詰まっているものです。

大人のみなさん、忙しい日々に翻弄されて、素直さを忘れてしまっていませんか？大切な友達に、ちゃんとお礼がいえてますか？

《テーマ：謙虚》

いや、
ジャムおじさんやバタコさんの
協力があったからですよ

——アンパンマン

8話「アンパンマンとかいじゅうアンコラ」
（1988年11月21日放送 Bパート）

あんこに目がない、かいじゅうアンコラ。普段はとてもおとなしい性格なのですが、あんこを見ると豹変します。そのため、森で出くわしたジャムおじさんとバタコさんを襲おうとします。

かいじゅうアンコラは、まずバスケットを飲み込みました。しかし、何か嫌いなものが入っていたのか、思わず吐き出してしまいます。その後、踏んづけて足に刺さったフォークをジャムおじさんが抜いてくれたことで、いったんはことなきをえました。

ただ、問題はここからです。ばいきんまんが彼をそそのかし、再びパン工場を襲わせたのです。アンパンマンも必死に抵抗しますが、アンコラの怪力にはかないません。

そこでジャムおじさんは、あることを思い出します。先ほどアンコラの吐き出したバスケットには、カレーパンが入っていたのです。ジャムおじさんはアンパンマンの顔にカレーを詰め、アンコラの口の中に突進させました。

こうして見事、アンコラをやっつけることができました。頑張ったアンパンマンにジャムおじさんがお礼をいうと、彼はこう答えます。「いや、ジャムおじさんやバタコさんの協力があったからですよ」と。

実際に戦ったのはアンパンマンですし、かいじゅうの口の中に突進していくなんて、相当の勇気がないとできないことだと思います。だからみんなアンパンマンにお礼をいったのですが、アンパンマンはむしろその言葉をさえぎるかのように、みんなのおかげだといいました。

なんという謙虚さでしょうか！　アンパンマンの魅力の一つは、この謙虚さにあるように思えてなりません。基本的に彼は敬語で話します。決して上から目線にはなりません。そして、常に感謝の気持ちを忘れません。

そういう姿勢が多くの仲間を作るのでしょう。誰だって偉そうな人間や、自慢ばかりしている人間とは、友達になりたくありませんから。自分のことを俺様だとか、天才だとかいう、ばいきんまんのような人間とは……。

いったいアンパンマンの謙虚さはどこからくるのでしょうか。明らかに彼はほかの誰よりも強く、みんなに貢献しています。にもかかわらず、自分だけの力ではないとか、人助けは当たり前だとか、真剣にそう思っているのです。

おそらくこれは、彼が限界まで頑張っているからこそいえるのではないでしょうか。人は余裕がある時、本当の危機を感じることはありません。でも、限界まで力を出すと、もうそれ以上はできないことを知ります。

もしそこでピンチを迎えれば、他者に助けてもらうよりほかありません。アンパンマンは何度もそんなシーンを経験しています。ジャムおじさんだけでなく、カレーパンマンやしょくぱんまんなどの友達にも助けてもらっています。だから、自分の能力の限界を知っているのです。

きっと偉そうにしている人は、まだ、本気で戦ったことがないのでしょう。人には誰しも限界がありますが、その現実を直視したことがないのです。だから自分でできるとか、もっとできるとか、勘違いしてしまうのです。

謙虚な人に友達が多いのは、決して偶然ではないように思います。助け合うことの大切さを知っている人だけが、仲間を作ることができるのです。

第4章

正義

道具、仁義、自然、
平和、暴力

《テーマ：道具》

じゃあきっと、
君の気持ちがそのまま
ラッパに表れるんだろう

――ジャムおじさん

84話「アンパンマンといたずらラッパ」
（1990年5月28日放送 Bパート）

いたずら好きのいたずらキツネはラッパを吹いて変な音を出し、魔法のように物を別の物に変えてしまいます。砂で作ったケーキを本物のケーキに変えて実際には砂を食べさせたり、風船を石に変えたりして、人々を困らせています。

そんな不思議なラッパを見て、ドキンちゃんはどうしてもそれが欲しくなりました。いつものようにばいきんまんをそそのかし、手に入れようとします。

ばいきんまんは、まずはいたずらキツネを油断させるために仲よくなったふりをして、一緒にいたずらを繰り返します。それを見たアンパンマンはばいきんまんを懲らしめようとしますが、いたずらキツネに苦戦します。

ところがその時、いたずらキツネはばいきんまんに、ラッパを奪われてしまいます。奪われて初めて、彼は自分が騙されていたことに気づきました。でも、もう時は遅し。ラッパを奪ったばいきんまんが、今度はそれを使って、アンパンマンをやっつけようとするのです。

でもなぜか、ばいきんまんが吹くラッパは、まともな音が出ません。それに、何も起こらないのです。

実はそのラッパは、いたずらキツネが吹かないと何も効き目がないラッパでした。それを知ったばいきんまんは、ラッパを捨てます。

そうしてラッパを取り戻したいたずらキツネは、今度はアンパンマンを助けるためにラッパを吹きます。そして無事にアンパンマンを助けたいたずらキツネは、もう二度とラッパをいたずらに使わないことを誓います。

すると、ラッパの音が変わりました。それまで変な音しか出なかったラッパが、とても美しい音色を奏で始めたのです。それを聞いたジャムおじさんは、こういいました。「じゃあきっと、君の気持ちがそのままラッパに表れるんだろう」と。いたずらをしたいという気持ちで吹くと変な音しか出ないけど、いいことをしたいという気持ちで吹くときれいな音が出る。そう、楽器は人の気持ちを表現するための手段なのです。

古代ギリシアの哲学者アリストテレスが、一番いい笛は誰が所有するべきかと、問うていました。お金持ち？　コレクター？　いいえ、違います。正解は、一番いい音を出せる人です。笛は、いい音を出すために生まれてきたからです。

そして一番いい音を出せる人というのは、きっと技術だけでなく、正しい心を持った人なのではないでしょうか。アリストテレスが同時に、正義について論じていたのは決して偶然ではないと思います。

これは楽器に限った話ではないでしょう。人間が使うあらゆる道具に当てはまるものだといえます。道具は正しく使わないと問題を引き起こします。そのためにはまず、自分が正しい心を持っていなければならないのです。

アンパンマンの空を飛ぶためのマントをはじめ、ほかの登場人物たちが持っているアイテムもみんなそうです。正しい心を持った人が使えば正義のための道具になるし、悪い心を持った人が使えば人を苦しめる武器になってしまうのです。本来はどんな道具も、正しく使ってもらいたいはずです。そのために生まれてきたのですから。

そういわれると、正しく使うとどんなものもいい音を出すことに気づきます。

大工さんの金づちも、作家のペンも、パソコンのキーボードも。皆さんの道具は素敵な音色を奏でていますか？

《テーマ：仁義》

アンパンマン……
オレ様を助けるなんて、
お前余計なことしやがって

——ばいきんまん

11話「アンパンマンとイタイノトンデケダケ」
（1988年12月12日放送 Aパート）

毒キノコによって子どもたちが集団食中毒にかかってしまいました。彼らを助けるには、洞窟にあるイタイノトンデケダケを探してくるしかありません。そこでアンパンマンは洞窟の中を探索するのですが、またしてもばいきんまんに邪魔をされてしまいます。ばいきんまんは、そのイタイノトンデケダケを独り占めにしてしまいました。当然アンパンマンと取り合いになるのですが、その際、二人は川に流されてしまいます。泳げないばいきんまんは、アンパンマンに助けを求めます。でも、ばいきんまんを助けたら、イタイノトンデケダケは流れていってしまいます。

悩んだ末にアンパンマンは、ばいきんまんを助けます。そして力尽きて気を失ってしまいました。最初は「お人よしめ」と高笑いをするばいきんまんですが、ふと我に返りこうつぶやきます。「アンパンマン……オレ様を助けるなんて、お前余計なことしやがって」と。

そしてばいきんまんは、なんとかイタイノトンデケダケを探し出し、こっそりアンパンマンのそばに置いて、立ち去ります。これは、大人でもちょっと泣けるシーンです。ばいきんまんは「助けたわけじゃねぇぞ」と捨て台詞を吐いていましたが、明らかにアンパンマンを助けたといえます。

ただ、それはやさしさや正義感からではなく、あくまでばいきんまんなりの仁義だったのでしょう。道徳上守るべき筋道のことです。

この世には、人として最低限守らなければならない道徳があります。少なくとも他者と同じ世界に生きる存在である限り、守らなければならないルールがあるのです。

これはたとえ悪人であっても同じです。もし仁義さえも失ってしまったら、悪人としてでさえ、この世に存在し続けることはできません。

ばいきんまんは困った存在ですが、嫌われてはいません。もちろん嫌いな人もいるでしょう。悪さばかりするのですから。でも、懲らしめる存在ではあっても、消し去ってしまう存在ではないのです。

私たちの日常生活において、バイ菌がある程度必要悪として求められるように、ばいきんまんもまた、アンパンマンの世界では必要悪なのかもしれません。正しさとは何か、やさしさとは何なのかを知らせるために存在しているような気がしてならないのです。

だからこそアンパンマンとばいきんまんの戦いは、すがすがしくもあり、学ぶところもたくさんあるのではないでしょうか。これがもしただの仁義なき戦いであったとしたら、後味が悪いだけです。


人間の世界に生じる必要悪を、いかにして克服していくか。それこそがアンパンマンの世界が描く正しさにほかなりません。この世から毒キノコがなくなることはないでしょう。何しろ自然の一部ですから。毒キノコには毒キノコの役割があるのです。

では、そのせいで体を壊してしまった場合にはどうすればいいか？　大丈夫、ちゃんと治す方法があります。

もちろんそれを見つけるのは楽ではありません。人間が悪とうまく付き合っていくのは簡単ではないのです。悪戦苦闘が求められます。

アンパンマンが必死になって洞窟を探索し、ばいきんまんと戦って、助け合って、ようやくイタイノトンデケダケを手に入れたように。

《テーマ：自然》

自然を愛する人っていうのは
たくさんいるが、
ちょっと違うみたいだなぁ

――ジャムおじさん

31話「アンパンマンとふけつまん」
（1989年5月15日放送 Bパート）

掃除しない、洗濯もしない、お風呂も入らない、そんなふけつまんは、自然が一番だと豪語します。何もしないのが一番いいと思っているのです。その話を聞いて、ジャムおじさんはこうつぶやきます。「自然を愛する人っていうのはたくさんいるが、ちょっと違うみたいだなぁ」と。

ふけつまんは汚すことを自然に返すと捉えているわけですが、ジャムおじさんは、それだと自然を破壊するだけだと感じているのです。そうではなくて、みんなが汚してしまったものを美しくすることが、自然を守ることだと。

一般的には、ジャムおじさんのいう自然の意味の方が正しいでしょう。にもかかわらず、なぜふけつまんは自然の意味を取り違えてしまったのでしょうか？　おそらくそれは、人間という存在を軽視してしまった点にあるように思います。

人間というのは、自然の一部であると同時に、自然とは対極にある存在です。その両義性を忘れてしまうと、ふけつまんのように勘違いをしてしまうことになります。

もし人間が他の動物と同じように、自然の中で自然の摂理に即して生活するだけなら、汚してもそのままでいいのかもしれません。でも、人間の営みはそれにとどまりません。そこが問題なのです。

人間が地球を汚すということは、時に自然の摂理を超えています。元に戻せないほど汚したり、自然の体系そのものを壊していることもあります。

とりわけ科学は、必ずしも自然を汚す目的で行われるものではないですが、結果的に自然破壊につながることがあります。実はふけつまんの職業が科学者、いやマッドサイエンティストであることも象徴的です。彼は、「不自然な」爆弾で世の中をふけつにしようとします。それはもはや、自然とは逆の行為といえます。

私たちも、ふけつまんほどではなくても、もしかしたら、何もしない方が自然にとっていいことだ、と思うきらいがあるかもしれません。しかし、それは無責任な行為になりかねません。

なぜなら、すでに人間は十分自然を汚してしまっているからです。あるいは自然を汚す仕組みを作ってしまったからです。今さら何もしないのは、かえって自然を破壊するだけです。

今私たちに求められるのは、自然を汚すことでないのはもちろんのこと、何もしないことでもなく、むしろ積極的に美しくしていくことなのでしょう。ジャムおじさんのいうように。そのために知恵を働かせ、科学を用いて、みんなで力を合わせる必要があります。

自然に関する議論は、「自然のためだ」とか、「自然を愛するからだ」と聞いただけで、ついどんな意見も正しいように思ってしまいがちです。

しかし、だからこそ一度疑ってみる必要があるのだと思います。ん、何か不自然だなと……。

《テーマ：平和》

平和できれいな海を
いつまでも
守っていきたいもんだな

――ジャムおじさん

37話「アンパンマンとくじらのクータン」
（1989年6月26日放送 Aパート）

海に現れるモンスターを退治するために、ジャムおじさんらとパトロールに出たアンパンマン。そこで、友達であるクジラのクータンと再会します。話を聞くと、どうやらモンスターは、海に大量のごみを出したりして、人々だけでなく魚たちをも困らせていたようです。そこでアンパンマンとクータンの二人は、タッグを組んで海の平和を取り戻すことにします。

その時姿を現したのは、なんというべきか、やはりというべきか、ばいきんまんの作った巨大なロボットでした。彼はアンパンマンをおびき寄せるために、モンスターを装って海を荒らしていたのです。なにしろアンパンマンは水が苦手なので、水中であれば勝算があると思ったのでしょう。

その思惑通り、アンパンマンは海中でふやけてしまい、力が出せません。

そこに現れたのが、クータンです。アンパンマンを助けるために、クータンは勢いよくロボットに体当たりしました。最後はアンパンマンと力を合わせて、海の平和を守ることに成功しました。

別れ際ジャムおじさんは、夕焼けに映える美しい海を眺めながら、こうつぶやきました。「平和できれいな海をいつまでも守っていきたいもんだな」と。

海がきれいであることは、まさに平和の象徴だと思います。

昔から、海は戦場でした。戦艦が往来し、大砲を打ち合ったり、船を襲ったりしてきた歴史があります。現代でも、空母から戦闘機が発着したり、魚雷が発射されたりしています。そうして荒らされた血の海が、きれいなわけがありません。

また昨今は、文字通り、海のきれいさが失われつつあります。とりわけ海に溶け込んだマイクロプラスチックの問題や、原発処理水の海洋放出の問題などが、きっきんの課題となっています。こうした問題は、国際的な争いの種になりかねません。

ではなぜ、海が問題になるのでしょう？　それは、誰もが海を共有しているからだと思います。そしてそこから海の恵みや資源、さらには感動を得ているからだと思います。海はすべてつながっているのです。

ですから、どこかの国や企業、あるいは個人が、海を荒らしたり汚したりすると、みんなが迷惑をこうむるのです。

その結果、平和が乱されてしまいます。だから海をきれいにするというのは、誰にとっても絶対的に正しいことだといっていいでしょう。いや、誰ではなくどんな生き物にとってもといった方が正確かもしれません。

よく「母なる海」という表現を目にすることがあると思います。とりわけ日本語の海という漢字には母の文字が入ってもいます。現に、海はすべての生命の源でした。あらゆる生命が海から誕生したのです。

おそらく今も、それは変わっていないのでしょう。私たちは海から命をもらい、それをまた海に返す。その循環の中で生きています。だとするならば、その命の源を汚したり、破壊したりしてしまうのは、生命の循環を断ち切る蛮行といっても過言ではありません。

海の平和を守ることは、私たちの生命を、そしてその循環を守ることにほかならないのです。

《テーマ：暴力》

暴力はいけない。
しかしやむを得なかった

――しょくぱんまん

24話「アンパンマンとこぞうのジャンボ」
（1989年3月27日放送 Aパート）

サーカスの人気者・小象のジャンボは、みんなのもとを離れたすきに、ばいきんまんにさらわれてしまいます。救出にやってきたアンパンマンも捕まってしまい、まさにピンチという時に現れたのが、普段はおとなしくて紳士なヒーロー・しょくぱんまんでした。彼は力強いパンチでばいきんまんを蹴散らします。そして、こういうのです。「暴力はいけない。しかしやむを得なかった」と。

たしかに暴力はよくありません。でも、だとしたらこの状況をどうやって防げばいいのか。これはとても難しい問題です。

この点、アフリカの哲学者フランツ・ファノンは、まさに植民地で抑圧された原住民が、暴力によってのみ解放されるという議論を展開し、物議を醸しました。もちろんファノンもまた決して暴力を讃えているわけではありません。それしか方法がないといいたかったのでしょう。

たしかに暴力は悪であり、絶対に許されないというのは簡単です。でも、たとえば、自分の愛する人が暴力によって傷つけられようとしている時、その状況を止める手段が唯一暴力だけだったとしたらどうすればいいのか？　おそらく多くの人は、その暴力を阻止するための「暴力」を是認するのではないかと思います。

しかしここで問わなければならないのは、はたしてそれを暴力と呼ぶべきかどうかという問題です。そもそも暴力とは、物理的には力の行使を意味するにすぎません。力の行使自体には善悪の価値は含まれていないはずです。

力の行使が悪になるのは、それが弱者に対する虐待であったり、物事を実現するための手段として過剰である場合等に限られるといっていいでしょう。

とするならば、悪である暴力を防ぐための手段として暴力を用いたとしても、それは善とみなせる可能性があります。現に、人が悪に抵抗するために行使する暴力は一般的に防衛、あるいは正当防衛として法的にも是認されています。

暴力という言葉には、とりわけ日本語の「暴れる」という文字のイメージもあり、とかく負のニュアンスがつきまといます。でも、力というのはあくまで物理的な変化をもたらす作用のことであって、本来は価値的にニュートラルなものなのです。

だから考えなければならないのは、そのニュートラルな価値をどちらに導くかです。つまり、単に人を傷つけるだけの力の行使は悪しき暴力として封じ込めるべきであるのに対し、逆に人を守るための力の行使は正しい行為として認められるべきだということです。たとえそれが暴力という形をとるにしても。しょくぱんまんだけでなく、アンパンマンのアンパンチがそうであるように。

大事なことは、彼らのパンチはあくまでも「やむを得ないもの」でなければならないということです。

もうそれしか方法がないというピンチにおいて、かつ悩みに悩み抜いた結果として行使される暴力だけが、例外的に許されるのです。ピンチを救うパンチとして。

第5章

強さ

力、言葉、あきらめ、
練習、忍耐

《テーマ：力》

気はやさしくて力持ちだからねぇ

――ジャムおじさん

863話「アンパンマンとバイキンいわおとこ」
（2 2006年10月13日放送 Bパート）

ばいきんまんが岩で道をふさぎ、子どもたちのお弁当を取り上げようとしました。そこに現れたのは、いわおとこです。岩でできた巨大な体を持ついわおとこにしてみれば、岩をどけるくらいお安い御用です。岩を放り投げて、ついでにばいきんまんを撃退してくれました。

その話を聞いて、ジャムおじさんはこういいます。「気はやさしくて力持ちだからねぇ」と。力は、やさしい気持ちがあって初めて意味を持つ、ということをいいたかったのでしょう。

それは、この後のストーリーからも読み解けます。いわおとこは、ばいきんまんの部下のやみるんるんによって、ハートをのっとられてしまうのです。ハートを毒されたいわおとこはバイキンいわおとことなり、暴れまくります。やさしさを失った力は、単なる暴力に過ぎません。

手が付けられなくなったいわおとこを救ったのは、息子のストーンマンでした。「父ちゃんはバイキンいわおとこなんかじゃない！」。ストーンマンは父親を信じ、毒されたハートに力を込めてパンチをします。そうして、やみるんるんの撃退に成功しました。いわおとこは、元の心やさしい力持ちに戻ることができたのです。

大きないわおとこに比べると、息子のストーンマンは小さな石ころのような存在です。普通なら、石ころのパンチなど岩には届かないでしょう。しかしストーンマンは、父親を元に戻してあげたいという、強くてやさしい気持ちを持っていたのだと思います。だから、力強いパンチを打つことができたのではないでしょうか。

力は、体の大きさや年齢ではなく、やさしさに比例するものなのかもしれません。やさしさがなくなってただ暴れるバイキンいわおとこも、たしかに力を持っていました。しかしその力は結局、息子のやさしさにはかなわなかったわけです。

そう考えると、もはや、やさしさの方が力よりも強いといえるような気がしてきます。私たちは、つい力のことを強さだと思いがちです。それは、力の表面的な部分しか見ていないからではないでしょうか。力を出すためには、気持ちが必要です。力と気持ちがセットになって初めて、強さになるのです。

愛する人を助けるため、といった、やさしさゆえに力を出すシーンを考えてみてください。きっとその人は、ものすごい力を出すでしょう。その場面においては、最強になると思います。やさしさと力の両方を持つアンパンマンのように。

逆に、弱い者に暴力をふるおうとしている人をやさしい気持ちにさせて、思いとどまらせたらどうでしょう？　もうその人からは、何の力も出ないはずです。

だから本当に強くなりたい人は、力だけ鍛えてもだめなのです。むしろ、心を鍛える必要があると思います。とりわけ、やさしい気持ちを養わなければなりません。

本当は、「気はやさしくて力持ち」なのではなく、「気がやさしいから力持ち」なのです。

もし自分に力がない、力が出せないと思っているなら、力ではなく、心を疑ってみてください。何か足りないものがあるのではないでしょうか。

《テーマ：言葉》

これからはもっと
大事にするから。
やきそばパンマンみたいに
一緒にみんなを助けようね、
相棒

――あめふりアメちゃん

1093話「やきそばパンマンとあめふりアメちゃん」
（2011年9月2日放送 Aパート）

あめふりアメちゃんは、雨降りマシンに乗って雨を降らせるのが仕事です。ところがマシンとの相性が悪く、なかなかうまく操ることができません。そのせいで必要な時に雨を降らせることができないのです。だからいつもマシンを蹴り飛ばし、「このおんぼろマシン」と罵声を浴びせています。

そんな時、やきそばパンマンが馬をとても大事にしているのを目にしました。それがきっかけとなり、心を改めます。

そうしてマシンにやさしい言葉を投げかけたところ、急にうまく操れるようになりました。日照りに苦しむ西部の街に雨を降らせて、みんなを救うことにも成功します。頑張ったマシンに、アメちゃんはこう語りかけます。「これからはもっと大事にするから。やきそばパンマンみたいに一緒にみんなを助けようね、相棒」と。

植物にいい言葉を投げかけるとよく育つ、ともいわれるように、きっとモノにも感情があるのだと思います。言葉の中に潜む霊力のことを言霊《ことだま》といいますが、これは決して不思議な話ではなく、本当にそうした力が存在するのでしょう。

言葉を理解する人間ならよくわかると思います。みなさんもこういう経験があるのではないでしょうか。弱っている時に「頑張って」と声をかけられるだけで元気が出たり、あきらめそうな時に「負けないで」と声をかけられるだけで立ち上がれたという経験が。

強さには言葉が必要なのです。人間はもちろんのこと、他の生き物も、そしてモノでさえも、言葉を求めているといっていいでしょう。力を出すために。

そう、力というのは、引き出すものなのです。

本当は誰もが、何かを成し遂げる力を持っています。でも、普段その力は、じっと出番を待っているのです。そして声がかかると、一気に外に飛び出して行きます。どれくらいの力が出るかは、かけられた声次第です。心に響く言葉をかけられれば、みんなが期待した以上の力を出すこともあります。反対に、なじられたり、罵声を浴びせられたら、やる気をなくしてしまうでしょう。まったく力を出さないなんてことも考えられます。アメちゃんに罵声を浴びせられた時の雨降りマシンのように。

だから力というのは、自分だけで出すものではなく、みんなで協力して出すものだといえそうです。無敵のアンパンマンでさえそうです。力が出なくなった時は仲間に助けてもらっていますから。

一人の力でできることは限られています。協力が必要なのはそうした理由からです。その協力するための方法こそが、言葉の掛け合いにほかなりません。励ましの言葉、応援の言葉、ねぎらいの言葉……。そうした相手を思いやる言葉が力の源となって、人は皆頑張っているのではないでしょうか。

そう考えると、世の中で問題となっているようなパワハラが、いかに間違った行為であるかがよくわかります。罵声を浴びせることで、力を出せないようにしてしまっているのですから。そんなことをしたら、余計に頑張る気がなくなるでしょう。

頑張ってもらいたいなら、怒鳴ったり罵声を浴びせるのではなく、やさしく声をかけるべきです。誰もが自分にとって、協力すべき相棒なのですから。

《テーマ：あきらめ》

しょうがない〜
失敗したらしょうがない〜
も一度作ってほうらできるよ

——ショウガナイさん

1149話「バタコさんとショウガナイさん」
（2012年11月16日放送 Bパート）

「しょうがない〜、しょうがない〜、ショウガあるけどしょうがない〜」。ショウガナイさんのテーマソングです。ショウガ料理を作ってくれるショウガナイさん。彼はショウガを使って、スープからおかず、そしてデザートまで、なんでも作ってくれます。そこでバタコさんは、ショウガナイさんと一緒にお料理教室を開くことにします。

みんな美味しいショウガ料理が食べたくて、集まってきました。中にはドキンちゃんが変装したドキ子も参加しています。ショウガ湯を作ったり、バタコさんのジンジャーミルクティーを飲んだところまではよかったのですが、生姜焼きを作る段階で、何人かの子が失敗してしまいます。生姜焼きを焦がしてしまったのです。

その時です。落胆する子どもたちに向かって、ショウガナイさんは自分のテーマソングの歌詞を変えて、こんなふうに明るく歌ってくれました。「しょうがない〜失敗したらしょうがない〜も一度作ってほうらできるよ」と。

それを聞いたみんなは笑顔になり、気を取り直してもう一度作り直しました。すると、今度はうまくできました。

人間は完璧ではありません。だから失敗をします。でも、それはもうしょうがないのです。あきらめて前に進むよりほかありません。失敗や敗北はつらいものですが、いつまでも落ち込んでいたって仕方ありませんから。

とはいえ、すぐに前向きになるのは難しいでしょう。そういう時は、いったんあきらめることによって、心がリセットされます。

そのためのマジックワードが、「しょうがない」なのだと思います。つまり、これ以上はもう何もしようがない、だからあきらめるしかない、と認識するためのおまじないみたいなものだといえます。

人はよく、「しょうがない」とか「仕方ない」という言葉を使います。これは決して安易に投げ出しているのではありません。もう一度立ち向かうための、仕切り直しの合図なのです。

いったん失敗したり負けたりしたとしても、しょうがないといって奮起したら、それはもはや、失敗でも負けでもありません。むしろ、成功や勝利への第一歩なのではないでしょうか。

近代ドイツの哲学者ニーチェは、何度失敗しても「よし、もう一度」と立ち上がるよう説いています。自分の力で困難を乗り越えていくための超人思想です。超人とつくだけあって、それはすごく強い生き方なのです。

ショウガナイさんのいう「しょうがない」という言葉もまた、そんなニーチェの超人思想と重なるような気がしてなりません。「しょうがない」と奮起した瞬間から、私たちはまだ何かしようがある状態になるのです。

そういえば、ショウガナイさんは「ショウガあるけどしょうがない」とダジャレのように歌っていました。でも本当は、「しょうがないということができれば、しようがある」と伝えたかったのではないでしょうか。

皆さんも失敗したり落ち込んだ時には、ぜひ「しょうがない」と一息ついて、また頑張ってくださいね。温かいショウガ湯でも飲みながら。

《テーマ：練習》

いくら天才といっても、
アンパンマンも見たように
毎日毎日練習しているから
できるんだよ

――ジャムおじさん

32話「アンパンマンとまじゅつしドロンガ」
（1989年5月22日放送 Aパート）

ある日アンパンマンは、怪しい男に少女が剣で襲われる、という場面に出くわします。すぐに助けようとしましたが、実はこれ、天才の誉れ高いまじゅつしドロンガがマジックの練習をしていただけでした。あまりのリアルさに、アンパンマンは思わず本当の事件だと勘違いしてしまったのです。

能力が高い人はみんな、練習も本気です。そうでないと、本番で練習以上の結果を残すことはできません。

その後、実際にまじゅつしドロンガのマジックショーを見に行ったアンパンマンは、次々と繰り広げられるマジックを目の当たりにし、どうしてあんなすごいことができるのかと感心します。すると隣に座っていたジャムおじさんが、こう教えてくれました。「いくら天才といっても、アンパンマンも見たように毎日毎日練習しているからできるんだよ」と。

毎日毎日パンを焼きながら腕を磨いているジャムおじさんらしい、含蓄のある言葉です。ジャムおじさんには、そのことがよく理解できたのでしょう。同じ天才として。

天才と呼ばれる人たちには、もちろん才能もあるのでしょう。しかしそれだけでなく、人並み以上の練習をしているからこそ、素晴らしいパフォーマンスを発揮することができるのだと思います。音楽でもスポーツでも、料理でもマジックでも。

現にばいきんまんは、まじゅつしドロンガを催眠スプレーで眠らせ、彼に変装して見よう見まねでマジックを披露するのですが、すぐに偽物と見破られてしまいます。日頃同じように「俺様天才」と豪語している彼ですが、いかにまがい物であるかがよくわかります。そもそも本当の天才は、自分で天才とはいわないものです。

その意味では、アンパンマンがいつもばいきんまんに勝てるのもまた、日頃彼が熱心にパトロールをし、人々を助けているからなのでしょう。彼の強さには、ちゃんと理由があるのです。

アンパンマンも、天才なのだと思います。天才とは、練習が引き出す才能のことをいいます。おそらく誰もが皆、なんらかの才能を秘めているのでしょう。しかし練習をしないと、その才能は埋もれてしまいます。それは、とてももったいないことです。そもそも自分の才能に気づけること自体が、貴重なことなのです。この世にある無数の物事の中から、自分の能力が最も生かせることを発見するのですから。にもかかわらず、せっかく見つけたその才能の芽を育てないなんて。

すでに天才と呼ばれている人も、練習をやめてしまえばすぐに天才ではなくなります。そして、たとえ才能の面では劣るとしても、何倍も練習を積み重ねる人に抜かれてしまいます。いや、練習によってそういう人の才能が開花するともいえるでしょう。だからどんな分野であっても、才能を開花させたいなら一生懸命練習することです。もちろん、一生懸命練習したからといって、急に変化が起こるわけではありません。でも、コツコツと練習を続けていれば、ある日きっと、あなたにもマジックが起こるはず。

その場合のマジックは、理屈のない「奇跡」という意味ではなく、地道な練習の「軌跡」という意味です。これは、決してゆるがないものです。

《テーマ：忍耐》

修行、修行じゃ、

ばいきんまん！

努力、忍耐、やせ我慢

――ばいきん仙人

26話「アンパンマンとバイキンせんにん」
（1989年4月10日放送 Aパート）

なかなかアンパンマンに勝てないばいきんまんは、ばいきん仙人の住む仙人の谷で修行をすることになります。ところが、その辛さに耐えかねて逃げ出してしまいました。逃げ出したばいきんまんは、仙人の谷で盗み見た呪文を使って悪さを試みるのですが、中途半端なため、結局またアンパンマンに負けてしまいます。

その姿を見たばいきん仙人は、ばいきんまんに修行を続けさせるべく、彼を連れ戻します。そして、こういうのです。「修行、修行じゃ、ばいきんまん！　努力、忍耐、やせ我慢」と。

強くなるためには、修行が必要なのはもちろんですが、その中心となるのは忍耐だ、というわけです。

肉体的に強くなるには、肉体を鍛える必要があります。それはとてもきついものです。筋トレ一つとってみてもそうでしょう。最大限に負荷をかけて重いバーベルを持ち上げるからこそ、筋肉がつくのです。軽いバーベルでは意味がありません。

これは、何事にも当てはまります。肉体だけでなく、精神的に強くなりたい時もそうでしょうし、人間関係の絆を強くする、といった時も同じだと思います。

人間の中に存在する何かを強くしようとした時、そこには忍耐が要求されます。その理由は、抵抗や攻撃に耐えられるように、現状の自分に負荷をかけるからでしょう。言い換えるとそれは、将来耐えるべき痛みを先取りし、耐性をつけるということなのだと思います。その痛みや苦しみに耐えられた人だけが、強くなれるわけです。

だから本当は、強さとは、耐える強さのことをいうのかもしれません。

現代社会において、そういう精神論的な発想は忌避される傾向にあります。ただしそれは、忍耐に意義がないということではありません。人権意識の高まりや科学的手法の発展といった、本筋とは関係ないところからくるものだといっていいでしょう。したがって問題は、まさに忍耐を、いかに現代社会の抵抗に耐えられる形でアップデートしていくか、にあるといえます。

人が強くなるための特効薬はありません。もしあったとしたら、それはそれで危険です。何事も、急な変化は心身に大きな負担をもたらすからです。忍耐のプロセスを経ることで、その変化に徐々に慣れていくということが、人間に向いた方法なのではないでしょうか。

そのために求められるのは、忍耐を快楽へと転換する発想です。客観的に見て辛いことも、主観的に楽しむことができるのが人間です。

先ほどの筋トレも、嫌々強制されれば苦役か拷問ですが、進んでやるなら楽しみになるでしょう。実際、筋トレを趣味にして楽しんでいる人はたくさんいます。

アンパンマンもその一人です。強くなるプロセス、本来なら忍耐と呼ばれるプロセスを楽しんでいるからこそ、彼は強くなれるのです。

きっとアンパンマンにとってそれは「忍耐」などではなく、純粋に「したい」、「やりたい」なのでしょう。

第6章

自己犠牲

覚悟、守る、犠牲、
利他主義、ヒーロー

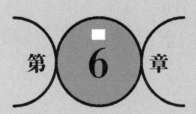

《テーマ：覚悟》

ドドは
アンパンマンたちの
やさしさに打たれて
助けてくれたんだなぁ

——ジャムおじさん

35話「アンパンマンとドドのしま」
（1989年6月12日放送 Aパート）

ある日アンパンマンとチーズは、ジャムおじさんから幻の鳥ドドの話を聞きます。その後、二人がいつものようにパトロールをしていると、突然ばいきんまんに襲われ、ある島に漂着しました。そしてそこで、なんと、子どものドドに出逢うのです。子どものドドは岩に挟まれて動けなくなっていたので、アンパンマンたちが助けます。

そうして彼らは仲よくなりました。一緒に楽しく遊んだり、お昼寝をしたりした後、無事ドドを両親のもとに送り届けたのもつかの間、事件が起こります。ロボットに乗ったばいきんまんが現れ、アンパンマンとチーズを捕まえてしまいます。

万事休すの事態に、ドドの両親は、何かを覚悟したかのようにお互いの目を合わせます。そして、不思議な声で鳴き始めました。子どものドドもそこに加わります。彼らの懸命な叫び、いや懇願にも似た声に呼応するかのように火山が噴火し始め、たちまちあたりには岩の雨が降り注ぎます。その岩がばいきんまんのロボットに命中し、アンパンマンとチーズは無事、助かりました。

でも、噴火は収まりません。ついに、島ごと海に沈んでしまいました。飛べないドドも、島に取り残されたままです。

なんとかパン工場に戻ることのできた二人は、泣きながらことの顛末を報告します。するとジャムおじさんはこういって、二人を慰めました。「ドドはアンパンマンたちのやさしさに打たれて助けてくれたんだなぁ」と。そして、ドドの親子はきっと、どこか平和な島で元気に生きているに違いない、と。

ドドの親子は自らの命を犠牲にして、アンパンマンとチーズを救いました。火山の噴火により、島が沈むかもしれないということは、初めからわかっていたのではないでしょうか。それは行動を起こす直前の、ドドたちのあの覚悟を決めた表情からもうかがい知れます。

それは決して、とっさに判断して行動できるものではありません。自分たちが死んでしまうかもしれないのですから。それでも、みじんの躊躇もなく勇気ある行動をとれたのはなぜでしょうか。おそらくドドたちは、日頃から覚悟を決めていたからではないでしょうか。

現にドドの親子は、話し合うこともなく、みんな同じ行動をとりました。まるでそれが、自分たちの使命であるかのように。そのおかげで火山が噴火し、アンパンマンとチーズが助かったわけです。火山はドドたちの覚悟を見て、彼らの命と引き換えに、奇跡を起こしてくれたのでしょう。

とはいえ奇跡を起こすことは、簡単ではありません。特に誰かを助けるための奇跡には、それなりの犠牲を伴います。その犠牲を払う覚悟の有無、本気度が問われてくるのだと思います。だから覚悟とは、私たちが願いを叶えるための、最後の手段だといってても過言ではないでしょう。ただしそれは文字通り、最後の手段です。命と引き換えであることを意味するのですから。

日本ではこの覚悟という言葉を、常に死に向き合っていた武士と結びつける傾向があります。

ドドの親子の勇気ある行動に心打たれるのは、私たちがそんな武士の子孫だからなのかもしれません。

《テーマ：守る》

これからも
砂漠の平和を
守っておくれ

――ジャムおじさん

1071話「すなおとことバイキンすなおとこ」
（2011年2月25日放送 Aパート）

砂漠には、すなおとこが住んでいます。彼は不思議な笛を吹くことで砂を自在に操ることができます。その笛に目をつけたばいきんまんが、また悪さを働きます。すなおとこから笛を盗み、自らがすなおとこに変装してバイキンすなおとこになりました。そして、街中を砂で埋め尽くしてしまったのです。

アンパンマンがそれを阻止しようとしますが、砂嵐の前で太刀打ちできません。その時現れたのが、本物のすなおとこでした。彼は砂嵐の前に立ちふさがり、盾のように体を張って、アンパンマンたちを守ります。砂漠を荒らすばいきんまんを許すわけにはいかなかったのでしょう。笛はなくとも、その大きな体で嵐をせき止めました。

その隙に新しい顔を手に入れたアンパンマンは、笛を取り返したすなおとこと力を合わせて、ばいきんまんをやっつけます。おかげで街は元の姿に。

砂漠に戻ろうとするすなおとこに、ジャムおじさんはこう声をかけます。「これからも砂漠の平和を守っておくれ」と。

すなおとこの使命は、砂漠の平和を守ることです。だから彼は体を張って、ばいきんまんと戦いました。嵐の猛威に懸命に耐えるその姿に、みんな、大きな声援を送っていました。

大切なものを守る時、私たちは死力を尽くす必要があります。体を張って、時に命を懸けてまでも。守るというのはそういうことです。守ろうとする人やモノ、価値といった大切なものを、何がなんでも傷つけず、そのままの状態に保つこと。それが守るという行為にほかなりません。

そのためには、それ以外のすべてが犠牲になる可能性があります。それでもいいと思えた時、人はその大切なものをしっかりと守ることができるのではないでしょうか。そういう意味では、守るという行為は、とても尊いものに思えてきます。

守るという言葉と一緒によく、攻撃するという言葉が使われます。その際、あたかも攻撃の方が大事であるかのように思いがちです。しかし、決してそんなことはありません。しっかりと守ることができれば、攻撃する必要はないのですから。

すなおとこもそうなのだと思います。砂漠の平和を守るために、誰かを攻撃する必要などないはずです。彼の笛はあくまで砂を適切にコントロールするためのものであって、攻撃するための道具ではないのです。

しかし、ばいきんまんを退治するために、あえてそれを使いました。平和を守るためにはやむを得なかったのでしょう。本当はいつでも攻撃のために使えるけれど、意図的にその力を封印する。そして、どうしても平和を守らなければならない時にだけ、力を発揮する。それが本当の力の使い方なのだと思います。

この砂漠の平和の話が、なぜか世界平和の話に聞こえるのは気のせいでしょうか。誰しも守るべき大切なものがあるはずです。だから、「笛」が必要なのです。ただそれは、攻撃するためではなく、守るためだけに使われなければならない。すなおとこの姿を見て、私たちも改めて問う必要があるように思います。自分たちの笛は大丈夫だろうかと……。

《テーマ：犠牲》

自分たちのあんこを使って、新しい顔を作ってくれとやってきたんだよ

――ジャムおじさん

29話「アンパンマンとクリームパンマン」
（1989年5月1日放送 Bパート）

子どもたちが、木材を使ったり岩を動かしたりして、子ども公園を作っています。そこにアンパンマンがやってきて、公園作りを手伝います。

ところがかしわもち三兄弟は、そのそばでケンカしてばかり。挙句の果てには、ケンカを止めに入ったアンパンマンを突き飛ばし、池に落としてしまいました。

顔がふやけてしまったアンパンマンは工場で新しい顔を作ってもらおうとしたのですが、ばいきんまんがあんこを盗んだため、いつもの顔が作れません。代わりにクリームを入れて、クリームパンマンになります。

そうしてまた公園作りを手伝うのですが、クリームだと思ったように力が出ません。それをいいことに、ばいきんまんは彼をコテンパンにやっつけます。

罪悪感を覚えたかしわもち三兄弟は、自分たちのあんこを使って新しい顔を作ってもらうよう、ジャムおじさんに申し出ます。こうしていつものあんこ入りの新しい顔を得たアンパンマンは、ばいきんまんをやっつけることに成功しました。

ぐったりしているかしわもち三兄弟を見て、事情を知らないアンパンマンはどうしたのかと尋ねました。すると、ジャムおじさんがこう教えてくれたのです。「自分たちのあんこを使って、新しい顔を作ってくれとやってきたんだよ」と。
三兄弟はその後、ジャムおじさんにあんこを作ってもらって元気を取り戻し、公園作りに貢献しました。もうケンカをすることなく。

いつもはアンパンマンが自分の顔や体を犠牲にしてみんなを守っているわけですが、今回はかしわもち三兄弟の自己犠牲によって、アンパンマンが助けられたかっこうです。いや、もともとはアンパンマンが彼らの公園作りを助けていたのですから、お互い様なのかもしれません。

ここでは、公園という公共性の高い施設が主題となっている点がポイントであるように思います。しかも子どもたちが、自分たちでそれを作っています。なぜなら、公園を使うのは、自分たちだからです。
本来みんなが使うものは、使う人みんなで考えたり、作ったり、維持したりすべきです。現代社会では、それを行政経由でプロの業者が作ったりしますが、どういうものを作りたいのか最初に考えるのは、やはり、実際に使う人たちでしょう。作るのが難しい場合でも、維持するためには、日頃の利用者の正しい使い方や協力が求められます。歩道の並木や公園施設の維持管理などは、地域の人たちや利用者のボランティアによって担われているケースが多々あります。

つまり、自己犠牲が必要なのです。公共のものは、一人ひとりの自己犠牲によって成り立っているといっても過言ではないでしょう。

私たちはそのことをつい忘れて、自分は関係ないと思いがちですし、感謝することもありません。

でも、公園に限らず、世の中にある便利なものを今自分が使えているのは、見ず知らずの誰かが時間や労力を犠牲にして、みんなのために頑張ってくれたおかげです。その気持ちを大切にしたいものです。

《テーマ：利他主義》

アンパンマンが
戦ってるのに
じっとなんかしてられるかって

――カレン

32話「アンパンマンとカレンのもり」
（1989年5月22日放送 Bパート）

ドキンちゃんは自分の美容のために、ハチミツを取ってくるようばいきんまんに懇願しました。いつものわがままです。そこでばいきんまんは、ハチミツがたくさんあるというカレンの森に出向き、ハチミツを盗もうとします。ミツバチのハニーやチョウのカレンは、ハチミツを守ろうと必死に剣で立ち向かいますが、ばいきんまんの放水攻撃にやられてしまいます。

アンパンマンはそんなカレンやハニーを助けるために、ばいきんまんのところに向かいます。しかし同様に放水攻撃を受け、ピンチに。その時でした。攻撃を受けて疲れているはずのハニーやほかのハチたちが、最後の力を振り絞ってばいきんまんに襲い掛かったのです。

倒れたアンパンマンは、カレンに尋ねます。あんなに疲れていたのにハニーたちは大丈夫なのかと。するとカレンは、ハニーの言葉を伝えてくれました。「アンパンマンが戦ってるのにじっとなんかしてられるかって」と。

それを聞いたアンパンマンは、ぐっと表情を引き締め、もう一度立ち上がります。そして、見事ばいきんまんをやっつけることに成功するのです。

自分以外の誰かのために戦ったり、頑張っている人を見ると、自分自身も奮起するものです。カレンやハニーのために必死に戦ってくれているアンパンマンを見て、ハニーも奮起したのでしょう。そしてその頑張りを見て、倒れていたアンパンマンもまた奮起する。その奮起の連鎖が、いや、人のために頑張ることの連鎖が、人の力をどんどん大きくし、とてつもない結果を生み出すのだと思います。

だからといって、必ずしも自分より他者を優先すればいいというものではありません。利他主義はたしかに大事なことですが、それは自分を犠牲にすることとイコールではないのです。

この世には、いい利他主義と、あまりよくない利他主義があります。あまりよくない利他主義は、ただ、自分を犠牲にするだけ。いい利他主義は、他人だけでなく、自分にとってもいい結果をもたらすように思います。

一言でいうと、それはウインウインの関係ということになるのでしょうが、そう単純ではありません。なぜなら、自分を犠牲にしていることは事実だからです。

つまり、純粋に自分のウインがあるわけではないということです。あくまで他者の望むものと自分の望むものが重なる、という意味です。

言い換えるとそれは、他者という意味での「人」ではなく、みんなや人間一般という意味での「人」のためになるということです。他者と自分が合わさったものが、みんななのですから。

人のために自分を犠牲にするという時、その場合の「人」は自分も含むみんなを指しているのです。だから人のために戦うことは、肯定されるのだと思います。

そんないい利他主義の対極にあるのは、先ほどの、あまりよくない利他主義ではありません。自分のことしか考えない、利己主義です。ドキンちゃんのわがままのような。

最後に彼女がいつも困ったことになるのは、あの利己主義のせいだと気づいてくれるといいのですが……。

《テーマ：ヒーロー》

今帰ってきたばかりなのに
もうパトロールでしゅか!?
やっぱりアンパンマンは
すごいでしゅ

——みるくぼうや

6話「アンパンマンとみるくぼうや」
（1988年11月7日放送 Bパート）

寒い冬を乗り切るために、ばいきんまんは羊三頭分の毛が必要なセーターを作ろうとします。そこである三頭の羊の親子が狙われるのですが、子羊は、なんとか逃げ出します。それを救ったのは、アンパンマンとみるくぼうやでした。

みるくぼうやはちょうどその直前にパン工場に現れ、アンパンマンと一緒にパトロールをしている最中でした。哺乳瓶のような形をした赤ちゃんなのですが、自分はなんでもできると思っています。

実際、二度もばいきんまんを撃退することに成功しました。アンパンマンはその時、あえて手を貸すことなく温かく見守っていました。せっかくみるくぼうやが張り切っているのだから、余計なことはしたくなかったのでしょう。

そして無事、羊の親子を救ったみるくぼうやは、パン工場で自信たっぷりに自分のヒーローぶりを自慢します。ところが、なぜかアンパンマンの姿が見当たりません。ジャムおじさんによると、どうやらアンパンマンは、もう次のパトロールに出てしまったようです。

それを聞いたみるくぼうやは驚き、こうつぶやきます。「今帰ってきたばかりなのにもうパトロールでしゅか⁉　やっぱりアンパンマンはすごいでしゅ」と。きっとそこに、本物のヒーロー像を見たのでしょう。

そう、本物のヒーローは、決して人に自慢することはありません。人知れず頑張っているものです。なぜなら、人に褒めてもらうことが目的ではないからです。あくまで困っている人を助けることが目的なのです。

残念ながらこの世には、困っている人がたくさんいます。だからアンパンマンのようなヒーローたちは、休む間もなくパトロールに出かけるのでしょう。

常に彼は、自分を讃える声を聞くよりも、助けを求める声に耳を傾けているのです。そのかすかな叫びに敏感に反応し、一刻でも早く手を差し伸べたい。それだけが彼の望むことなのです。

でも、それは誰にでもできることではありません。赤ちゃんであるみるくぼうやはもちろんのこと、普通の大人でも難しいでしょう。だから私も、人助けをして自慢し、褒めてもらいたいと思うみるくぼうやの気持ちはよくわかります。

彼の場合、その後のアンパンマンの行動を見て、やっぱりアンパンマンはすごいといえる点に着目すべきです。きっとみるくぼうやは、将来本物のヒーローになるに違いありません。

ヒーローになれる人は、視点が違います。一言でいうとそれは、この世の弱きものに目を向けられる力です。強さよりも弱さを、喜びよりも悲しみを、楽しみよりも痛みを大切にできる人だけが、世界を救うことができるのだと思います。

そんなふうにいうと大げさですが、本当は誰しも、身近な人のヒーローになれるのかもしれません。

というのも、強さは人を必要としませんが、弱さには誰かが寄り添うことが求められるからです。その弱さに寄り添う誰かでありたいと願う時、人は皆、ヒーローになるのです。

第7章

悪

いたずら、苦手、宿命、
欲、疎外感

《テーマ：いたずら》

いいんじゃよ、
あんなもの
燃えてしまったほうが。
な、らくがきこぞうくん？

――ジャムおじさん

4話「アンパンマンとらくがきこぞう」
（1988年10月24日放送 Aパート）

大きな筆で街じゅうに落書きをして回るらくがきこぞう。彼はいたずらを楽しみながら毎日を過ごしています。ところが、ばいきんまんにその筆を奪われてしまった時、ふとこうこぼすのです。「落書きが悪いことだってわかってるんだけど、あの筆持つと止まらなくなっちゃうんだ」と。

そうして素直に反省した後、アンパンマンと一緒に筆を取り戻しに行きます。アンパンマンは必死に戦って筆を奪い返そうとするのですが、はずみで筆が焚火の中に飛んでいってしまいます。そして、燃えてなくなってしまいました。

取り戻すことに失敗したアンパンマンは申し訳なさそうにするのですが、ジャムおじさんは笑顔でこういってのけます。

「いいんじゃよ、あんなもの燃えてしまったほうが。な、らくがきこぞうくん？」

そうなのです。らくがきこぞう自身も気づいていたように、落書きをするのは筆のせいでもあったのです。実際、筆を奪ったばいきんまんも、その筆を持つと落書きがしたくなるといっていました。

これは何にでもいえることだと思います。最初からいたずらしようと思っていたわけではなくとも、いたずらに役立つ道具が目の前にあると、つい、人はやってしまうのです。面白いものがある、ちょっと使ってみようとか、これでみんなを困らせてみようというふうに。

もっというと、悪とはそういうものなのではないでしょうか。道具に限らず、ちょっとしたきっかけがあることで、やりやすくなります。もちろん、だからといって悪とかいたずらを、すべて道具やきっかけのせいにしてはいけません。

ですが、人間の中にそうした弱い心があるから、道具を使ったり、きっかけを利用しようとすることは間違いないでしょう。もとからなんとも思っていなければ、道具はただの道具です。筆だってそれ自体は悪いものではないはずです。

とはいえ、誰しも弱くなる時はありますし、欲望や悪い気持ちが芽生えることもあります。そんな時たまたまきっかけがあると、その悪い気持ちを実現しやすくなるということです。

大事なのは、そもそもきっかけとなるものを身の回りに置かないことです。らくがきこぞうの筆のように。

そのうえで、自分にも弱い心や欲望、そして悪の芽がある事実を予め自覚しておくことです。人間とは、そういう存在なのです。これはダメな存在という意味ではなく、コンピューターのように完璧で、失敗をしない存在ではないということです。だから私たちは、弱さや欲望や悪の芽を「人間らしい」と表現するのでしょう。

結局私たちがすべきなのは、落胆することでも、人間らしいと開き直ることでもありません。うまく自分を飼いならしていくことが、大切なのです。

それでも間違いを犯すことはあるでしょう。道を踏み外し、思い描いていた人生とは違う状態に陥ってしまうこともあるかもしれません。でも、そんな時はらくがきこぞうのように素直に反省し、また自分の人生を描いていけばいいのです。今度こそは落書きではなく……。

《テーマ：苦手》

やっぱり俺様、でかこ母さんは苦手だ……

――ばいきんまん

1088話「でかこ母さんとばいきんまん」
（2011年7月8日放送 Aパート）

ゾウのでかこ母さんは、料理がとっても上手です。そこでみんなは、でかこ母さんをパン工場に招いて、美味しいご馳走をふるまってもらおうと計画します。しかしいつも通り、ばいきんまんとドキンちゃんに邪魔をされてしまいました。

二人はでかこ母さんに美味しいご馳走を作ってもらうために、バイキン城に連れ去ろうとします。でも、でかこ母さんは持ち前の迫力でばいきんまんを蹴散らしてしまいました。投げ飛ばされたばいきんまんは、思わずこうこぼします。「やっぱり俺様、でかこ母さんは苦手だ……」と。

それでもドキンちゃんに尻を叩かれ、最終的にはでかこ母さんを連れ去ることに成功します。そうしてバイキン城で自分たちだけにご馳走を作ってもらおうとするのですが、一筋縄ではいきません。でかこ母さんに大嫌いな掃除や片付けをさせられて、二人はヘトヘトになってしまいました。

懲りた二人は、でかこ母さんが休んでいる間に元の場所に連れて行きます。こうしてでかこ母さんは、ようやく無事にパン工場で美味しいご馳走をふるまうことができました。

かたやお腹を空かせてうなだれる、ばいきんまんとドキンちゃん。悪いことをした二人は結局何も食べられないのでしょうか。

いいえ、でかこ母さんは掃除をした二人に、ちゃんと美味しいご馳走を作ってくれていました。素敵なお話です。さすがのばいきんまんもいい笑顔になっていました。

結局どんな悪人も、人には違いないということです。ご飯も食べるし、いい笑顔にもなる。苦手なこともあるのです。そう、悪人だって誰だって、苦手な人はいる。これは悪というものを考えるうえで、重要なことであるように思います。

この世には、必ず悪が存在します。言い換えると、悪とは共存していかなければならないのです。その際、ただ悪を野放しにしていると、危害を被るばかりです。そうならないようにするためには、悪の弱点を把握して、対抗していく必要があります。苦手というのは、まさにそんな弱点だといえるでしょう。

ばいきんまんも困った悪ですが、彼にも苦手な人がいるということは、みんなにとって朗報です。

しかもそれがでかこ母さんだというのですから、なんだかほほえましいですね。誰にでもつっかかっていくばいきんまんが、肝っ玉母さんに叱られると、たちまち従順になってしまうなんて。

もしかしたら、誰しも肝っ玉母さんが苦手なのかもしれませんね。なぜなら、誰の心にも悪が潜んでいるからです。小さなころから、その悪を叱ってくれたのはいつも母親でした。その意味では、悪に対抗できるのは、母親の強い気持ちだといえそうです。

母親というのは、皆強い心を持っているものです。自分の子どもを守ったり、教育したりするためなのでしょうが、それだけではありません。人の子どもも、きちんとさせようとします。きっと、正義を超えた強い愛なのだと思います。

悪は愛にはかなわない。私たちがこの世の悪と対峙するうえで、大切な教訓であるような気がしてなりません。

《テーマ：宿命》

悪いご主人様でも
いう通りにしなければ
ならない
宿命なのです

——まほうのランプの巨人

30話「アンパンマンとまほうのランプ」
（1989年5月8日放送 Aパート）

ある日、ばいきんまんは浜辺で魔法のランプを見つけます。ランプをこすると中から巨人が現れ、願いを聞いてくれるというのです。そこでばいきんまんは、パン工場を海に投げ捨て、代わりにバイキン城をそこに移動するようにいいます。巨人はばいきんまんの願いに従い、パン工場を海に投げ捨てました。当然アンパンマンは元に戻すよう要求しますが、巨人は耳を貸しません。ところが、巨人がいったんランプの中に戻された際、今度はしょくぱんまんがそれを見つけました。しょくぱんまんが巨人の主人となったことで、事態は解決に向かいます。

巨人はパン工場を元に戻したため、ジャムおじさんやバタコさんからパンをふるまってもらいました。どうしてばいきんまんのいうことを聞いたのかと問われた際、彼はこう答えます。「悪いご主人様でもいう通りにしなければならない宿命なのです」と。そして、もう二度と悪い主人に拾われないように、自分を海に戻して欲しいと頼みました。アンパンマンが巨人の望み通りランプを海に戻すと、彼は安堵の表情を浮かべて眠りにつきました。

このエピソードを見てまず頭に浮かんだのは、古代ギリシアの哲学者ソクラテスがいったとされる「悪法もまた法なり」という言葉です。彼は不合理な死刑判決を受け入れた際、このように表現したといわれます。

この言葉は、もちろん法には従うけれども、必ずしもそれが正しいから従うわけではない、と解釈できます。いわば、その法に人生を支配されざるを得ない宿命だ、ということです。

おそらく巨人もそう感じていたのでしょう。彼自身は悪い人物ではなさそうでしたし、善悪の区別はできているようでした。その証拠に、パンをふるまってもらった時、みなさんはとてもいい人たちだといっていました。

何より、悪い主人に拾われないようランプを海に戻して欲しいと頼んだのは、悪を避けようとしたからです。これはある意味で、私たちが悪に対して取るべきお手本のような態度といえるような気がします。

悪は撲滅すべきですし、従うべきではありませんが、ソクラテスや巨人のように悪に従うことが宿命である、というケースは現に存在します。

そんな時、ただ仕方ないとあきらめるのでもさからうのでもない、第三の道があるはずなのです。

実はこれ、20世紀アメリカで活躍した哲学者アーレントが、ナチスドイツの支配下で悪に従わざるを得なかった人たちに対して投げかけた問いです。巨人が取った選択は、このアーレントの問いに、見事に答えているのではないでしょうか。

巨人は決して宿命から逃れたわけではありません。いや、逃れることなどできないのでしょう。でも、そこから遠ざかることはできます。宿命が悪を実現することがないように、その一歩手前で生き続けるということです。慎重に、道を踏み外すことなく。とても苦しい選択に聞こえるかもしれませんが、少なくとも宿命に従うよりは心の平穏をもたらしてくれるに違いありません。

それは、あの巨人の安堵の表情が物語っています。

《テーマ：欲》

ただほど
怖いものはない

——ばいきんまん

3話「アンパンマンとはみがきまん」
（1988年10月17日放送 Aパート）

はみがきまんから無料でいい歯ブラシをもらえるということで、人が群がっています。ところがその歯ブラシは、はみがきまんに変装したばいきんまんが用意した恐ろしいものでした。どうやらそれで歯を磨くと、虫歯になってしまうようです。みんなが虫歯になる姿を見たばいきんまんは、「ただほど怖いものはない」とほくそ笑みます。

そこでアンパンマンとはみがきまんは、協力してばいきんまんをやっつけます。アンパンマンは、ばいきんまんの全身を大きな歯ブラシで磨きながら、心の中まで真っ白にしてあげる、といって退治しました。そしてばいきんまんがいなくなった後、みんなの虫歯を治すためにまっしろブラシを配り、事態は収束しました。

これはまさに、欲について考えるうえで象徴的な出来事です。人間は誰しも欲を持っている生き物です。欲がないほうが珍しいでしょう。

逆にいうと、人間は欲があるから頑張れて、その結果成長できたりします。もっと賢くなりたいとか、もっと強くなりたいとかいうふうに。

でもその欲が、時には悪い方向にも向かいます。少しでも得をしたいと思うと、心が曇り始め、欲が肥大化するのです。努力せずに結果を得ようとしたり、手を抜いて勝とうとしたり、ただで物を手に入れようとしたり……。

これではよくないですよね。いい歯ブラシをただで手に入れようと群がった人々も同じです。

そうならないようにするには、日頃から心を磨いておく必要があります。毎日歯を磨くように、心を磨くのです。そうして心が曇らないようにしておけば、欲が肥大化することもないでしょう。

人間の心は決して強くありません。ちょっとしたことで欲に負けてしまいます。だから、日々自分に言い聞かせる必要があるのです。欲が大きくなってからでは、止めるのは難しいでしょう。歯でいうと、虫歯になってから治すのが難しいのと同じです。虫歯にならないように、人は毎日歯を磨きます。

心の場合も同じです。自分は大丈夫と高をくくるのではなく、大丈夫な時こそあえて自分にいい聞かせておくのです。欲をかいてはいけないと。

生きるということは、欲が肥大化することとの戦い、といっても過言ではないでしょう。人間は普通に生きていると、様々な部分がどんどん汚れていきます。歯も、心も。だからそれを予防するとともに、汚れを落とす作業をいとわない姿勢が求められます。

悪というのは外側にあるのではなく、もともとは、自分の中にあるのだと思います。その悪を出すかどうかは、本人次第です。うまく自分を飼いならしていく必要があるのです。

そう、悪はまったくのゼロにはできません。それは、清潔にされたばいきんまんがいつも小さくなるだけで、消えることはないことからもわかります。あれはアンパンマンの情けではなく、きっと悪の本質なのだと思います。

私たちの心も同じです。欲を取り除くのではなく、ひたすら心を磨く。何事も地道な努力にかかっているのです。みなさんの心は、どのくらい光っていますか？

《テーマ：疎外感》

そう思うと
なんだかかわいそう

――バタコさん

11話「アンパンマンとぴいちくもり」
（1988年12月12日放送 Bパート）

ぴいちくのもりで音楽会が開かれるということで、みんなに招待状が届きました。ところが、ばいきんまんには届いていません。いつもいたずらばかりして人に迷惑をかけているからでしょう。そういう意味では自業自得なのですが、本人は「俺様をのけ者にして！」と猛烈に腹を立てます。

そこでばいきんまんは音楽会を独り占めしようと、歌姫のぴりまちゃんをさらいました。でもアンパンマンがぴりまちゃんをすかさず救い出し、無事音楽会が開かれることになりました。

それでも、ばいきんまんはまだあきらめません。今度は音楽会を台なしにしてやろうと、雨雲を用意します。

その時です。ジャムおじさんとアンパンマンは、大きなスピーカーを用意しました。招待されていないばいきんまんにも、美しい歌が聞こえるようにしてあげたのです。スピーカーから聞こえてきた声にうっとりしたばいきんまんは、ようやく攻撃することをあきらめました。

本当は彼も哀れな存在なのです。みんなには、それがわかっているのでしょう。現にバタコさんも、音楽会に呼んでもらえないばいきんまんのことを思い浮かべ、こういいました。「そう思うとなんだかかわいそう」と。

きっとばいきんまんの悪の根底には、疎外感からくる悲しみや哀れさが横たわっているのだと思います。本人は気づいていないのかもしれませんが、彼以外の周りの人たちには、それが明らかなのです。

だからアンパンマンも、ばいきんまんを徹底的にやっつけることはしないのでしょう。彼の悪が、どうしようもなく憎むべき悪ではないと知っているから。

そもそも悪には、理由があります。疎外感に限らず、恨みや心の弱さなど。そして、どんな理由にも同情する点や、理解できる点があるものです。そうした悪は、どうしようもなく憎むべき悪ではないといえます。反対にどうしようもない悪とは、理由なき悪だと考えられます。

私たちは本来、悪を憎む時、悪そのものを憎むのではなく、その悪の原因となっている事柄を憎むべきなのです。問題の根源は疎外感や恨みなど、悪を起こした原因であって、表面に現れた悪ではないのです。

したがって、ばいきんまんの行為が悪であることは間違いありませんが、その行為だけを責めても、何も解決しないでしょう。むしろ彼に必要なのは、同情であり、やさしさなのです。

バタコさんの言葉は、そんなやさしさを象徴するものだといえます。誰もがこうした見方をすることができるようになれば、多くの悪はこの世から消えるのではないでしょうか。そうして初めて、私たちは本当の悪を退治することが可能になるのです。

もしかしたら、理由なき悪などというものは存在しないのかもしれません。だとしたら私たちがすべきことは、一見理由なき悪と思われるものの中に、かすかな理由を見つけることでしょう。声なき声や、消え入りそうな叫び声、この世の中に無いものとされてしまった苦しみの声に耳を傾けることこそが、大切であるような気がします。

第8章

やさしさ

約束、うらまない、赦し、

恥、かっこよさ

《テーマ：約束》

これからおとなしくしてると
約束するなら、
その岩をどけて
滝つぼに住むことを
許してあげるよ

――タータン

34話「アンパンマンとタータン」
（1989年6月5日放送）

ジャングルに旅行に出かけたアンパンマン一行。アンパンマンがいつものように見回りをしていると、タータンという少年と、ゾウのトントに出逢います。ところが、見回りを終えてキャンプに戻ると、ジャムおじさんたちの姿がありません。どうやら、魔の山に住んでいる魔物の使いにさらわれてしまったようです。

その魔物は山頂の滝つぼに住んでおり、山に入った生き物を食べてしまうそうです。それでもアンパンマンたちは、ジャムおじさんたちを助けるために山頂に向かいます。すると、巨大な恐竜が現れ、彼らに襲い掛かります。ばいきんまんのたくらみもあり、結局みんな捕まってしまいました。でもその時、タータンが助けに来てくれました。最後はゾウたちと共に岩を投げ、魔物を岩の下敷きにしてやっつけました。

そうして見事に魔物を退治したわけですが、その後、タータンは魔物を許します。ただし、ある約束のもとに。

タータンは魔物に、こんなふうに問いかけました。「これからはおとなしくしてると約束するなら、その岩をどけて滝つぼに住むことを許してあげるよ」と。魔物は、タータンとその約束をかわしました。

これまではみんな、魔物を恐れて山に近寄りませんでした。しかしタータンが勇気を出して戦ったことで、結果として、全員にとっていい状況になりました。ジャングルに住む人間や動物たちは安心して生活できますし、魔物もまた、そこに住み続けることができます。

魔物を完全に退治してもよかったのでは？ という声もありそうですが、タータンは、魔物のことも考えたのでしょう。それが彼のやさしさでした。もっとも、単に心やさしいとか、情けをかけたというわけではありません。タータンは魔物に約束をさせたうえで許したのですから。

これからはおとなしくする、つまり周囲には迷惑をかけないという約束を守って初めて、共存することを認めるということです。

いわばこれは、共同体の倫理のようなものなのです。周囲に迷惑をかけないことは、ジャングルにおいてはとりわけ重要な倫理でしょう。ジャングルという場所には、様々な生き物や人間が住んでいますから。肉食の猛獣もいれば、草食動物もいます。

そんな彼らが共存するためには、ある種の約束事が必要です。それは、他の動物の生き方を尊重するということにほかなりません。もちろん、食物連鎖の中でお互いを食べるということもあるわけですが、そこも含めて倫理なのです。

私たち人間の社会にも倫理が求められます。その場合もやはり、お互いを尊重しなければなりません。人様に迷惑をかけないように。私たちが仲間と一緒に過ごすことができるのは、約束を守れる限りにおいてなのです。

とはいえ、それは簡単なことではありません。人間は失敗する生き物だからです。そんな時、タータンのようにもう一度チャンスを与えるやさしさを持てるかどうか。人間の真価が問われるのは、自分が困った時ではなく、むしろ自分が優位にある時なのですよね。

《テーマ：うらまない》

そんなことより早く

――アンパンマン

5話「アンパンマンとひのたまこぞう」
（1988年10月31日放送 Aパート）

火の塊であるひのたまこぞうは、ある日街を見たくなり、火山を飛び出します。そこでばいきんまんに出逢い、彼にそそのかされて森を火事にしてしまいました。なんとかアンパンマンが火事を消すのですが、ひのたまこぞうはその行為を逆うらみし、アンパンマンを黒焦げにしようとします。

ところが、必死に逃げるアンパンマンを追いかけるうちに、うっかり湖に転落してしまいます。ひのたまこぞうは火の塊なので、水が大の苦手です。みるみる小さくなり、ついに消えかかってしまいました。

「助けて」と叫ぶ彼に、アンパンマンは救いの手を差し伸べます。ひのたまこぞうは、黒焦げにしようとした自分をどうして助けるのかと尋ねました。するとアンパンマンは、こう答えます。「そんなことより早く」と。

アンパンマンはひのたまこぞうの手をつかむと、大急ぎでパン工場の窯へと向かいました。彼のやさしさに心打たれたひのたまこぞうは、すっかり心を入れ替えました。

アンパンマンはやさしさだけでなく、決して人をうらまないという寛大な心を持ち合わせています。これはなかなかできるものではありません。何もされていない人にやさしくすることさえ難しいのに、ましてや自分を痛めつけようとした人にやさしくするのですから。

いったい、どうしてアンパンマンはここまで人にやさしくできるのでしょうか。それは、先ほどの彼の言葉からもわかると思います。うらむうらまないとか、そんなことよりも大事なことがあるだろうというわけです。

つまり彼には、信念があるのだと思います。困っている人を助けるのが最優先だという信念が。どんなにひどい相手でも、「助けて」といわれれば助けるべきである。それがアンパンマンの格率なのです。格率というと難しい言葉に聞こえるかもしれませんが、自分が絶対に守るべき行為の原則のようなものです。

近代ドイツの哲学者カントは、まさにそうした格率を提案したことで知られています。正しいことは無条件に行わなければならない、というものです。たとえ相手を憎んでいても、たとえ自分の身が危機にさらされることになったとしても。

とても厳しい原則ですが、現代でも倫理の大原則として多くの人たちに支持されている考え方です。あくまで理想としてではありますが。

でも、理想さえも捨ててしまったら、人間社会はとてもすさんだものになってしまいます。誰かがその理想を掲げ、実践し続ける必要があるのです。

私たちがアンパンマンの行動に心を打たれるのは、その理想を体現してくれているからにほかなりません。

命を救うとまではいかなくても、ちょっとしたことで助けを求められることはあります。そんな時、私たちは、つい日頃の関係性や損得勘定を考慮してしまいます。

「そんなことより早く」、困っている人を助けてあげられる人になりたいものですね。

《テーマ：赦し》

わかってくれれば
いいんだよ

——アンパンマン

9話「アンパンマンとそっくりぱん」
（1988年11月28日放送 Aパート）

なぜか、アンパンマンがいたずらばかりしています。火事の火を消すそぶりを見せて泥だらけにしたり、サルのウータンが売ろうとしていたパンを盗んで粗悪品にして売ったりと。アンパンマンは正義の味方のはずだったのに。

実はこれ、アンパンマンそっくりに変装した、ばいきんまんの仕業でした。そうとは知らず、ウータンは本物のアンパンマンを牢屋に閉じ込めてしまいます。後で真実を知り、僕が間違っていたと真摯に謝罪しました。

ひどい目に遭ったアンパンマンですが、「わかってくれればいいんだよ」と彼を許します。そして自ら牢屋を抜け出し、ばいきんまん退治に飛んでいきました。

つまりアンパンマンは初めから、自力で逃げ出すことができたようです。しかし、あえてそれはしませんでした。もし抵抗すれば自分への疑いが深まるばかりですし、それ以上に、ウータンに心からわかってもらいたかったのでしょう。自分の無実を。

普通なら、このような扱いを受けたら、腹が立って怒るところです。でもアンパンマンは、そんなそぶりをみじんも見せませんでした。きっと、大事にしていることがみんなとは違うのでしょう。

こういう場合、多くの人は自分の名誉を最重要視するように思います。ところがアンパンマンは、相手の気持ちを最重要視しました。だから怒るのではなく、理解を待ったのでしょう。相手の理解がないところに、真の問題の解決はないと思ったからです。

物事を強引に解決するのは簡単です。暴力をふるったりすればいいのですから。そうすれば相手は、譲歩せざるを得ません。ただ、それは本当の解決とはいえません。実態としては、ただ相手を黙らせただけです。

それに対して、相手が状況を正しく理解し、自ら納得した場合は、何もしなくても問題は解決します。アンパンマンがアンパンチどころか、指一つ触れることなく問題を解決したように。

彼は一言「わかってくれればいいんだよ」と声をかけて飛んで行きました。そうして本当の問題を解決しに行ったのです。自分になりすまして人々を騙した、ばいきんまんを退治しに。

結局アンパンマンが行ったことは、赦しであったといっていいでしょう。危害を加えられたにもかかわらず、相手を憎むことも怒りをぶつけることもしない。それは赦しにほかなりません。

赦しは、憎しみや怒りの対極にあるものだといえます。なかなかできることではないですが、決して不可能なことでもありません。なぜなら人間は、理性と感情を備え持つ生き物だからです。しっかりと理由を考え、寛大な心で相手を受け入れることができれば、どんな憎しみも怒りも、赦しに変えられるのです。

いい人のふりは誰にでもできます。寛大なふりもできるでしょう。でも、自分の名誉が傷つけられた時、それでも相手を許せるかどうか。ここで、その人の真価が問われます。それができるアンパンマンは、やっぱり本物です。正義の味方として、何より、人として。

《テーマ：恥》

面目ない。世話になりやした。
バタコさんのプレゼントにと
思いやしたが、
このありさまじゃ
合わす顔もござんせん

――おむすびまん

25話「バタコさんのたんじょうび」
（1989年4月3日放送 Bパート）

バタコさんの誕生日を、みんなでお祝いすることになりました。招待された人たちは、思い思いのプレゼントを持ってやってきます。

ところがその道中、ばいきんまんが待ち構えています。彼はいつものごとくみんなのプレゼントを奪おうとしていました。てんどんまん、カレーパンマン、たこやきまん、みんな捕まってしまいました。到着があまりにも遅いので、アンパンマンが様子を見に行きますが、彼もまた捕まってしまいます。

そこに現れたのが、おむすびまんでした。彼は海辺で貝殻を拾い、バタコさんのためにネックレスを作っていたため遅れたのです。そして、すぐにアンパンマンを助け出します。

解放されたアンパンマンは渾身のアンパンチで、ばいきんまんをやっつけました。ただ、せっかく用意したおむすびまんのネックレスは、ばいきんまんとの戦いの際にバラバラに壊れてしまいました。

無事ばいきんまんを退治して、みんなバタコさんの誕生日会に向かおうとします。しかし、おむすびまんはこういって去っていきました。「面目ない。世話になりやした。

バタコさんのプレゼントにと思いやしたが、このありさまじゃ合わす顔もござんせん」と。

おむすびまんはプレゼントを渡せない自分を恥じ、バタコさんに会うことなく、また旅に出てしまったのです。本当は会いたかったにもかかわらず。

でもアンパンマンは、彼の気持ちを察していました。代わりに海辺で同じ貝殻を拾ってつなぎ合わせ、バタコさんにネックレスをプレゼントしたのです。おむすびまんからのものだといって。

このエピソードをはたから見ていると、決して恥じることなどないと思うのですが、問題はあくまで、本人の気持ちです。きっとおむすびまんは責任感が強いのでしょう。

かつてアメリカの文化人類学者ルース・ベネディクトが『菊と刀』の中で論じたのが、まさにこの日本人に特有とされる恥の意識でした。

日本人は自らに課した義務や責任をきちんと果たせないと、恥を覚えるのです。逆に、だからこそ何事にも真摯に取り組むということがいえます。つまり、恥はまじめさの裏返しであり、やさしさの表れでもあるということです。
なぜなら、人を思うがゆえに相手のためにベストを尽くせなかったり、結果を出せなかったような場合に、恥を感じてしまうからです。理由はどうあれ、プレゼントを渡すことができなかったおむすびまんのように。

ベネディクトの論じた恥の概念を体現しているのが、日本のソウルフードであるおむすびまんである点がまた面白いのですが、おそらく多くの人に共感してもらえるのではないでしょうか。日本人の奥ゆかしさは、こんなふうにやさしさに由来しているのです。やさしさゆえに遠慮し、やさしさゆえに大好きな人に会うことさえできない。でも、その純粋な気持ちは必ず相手に届くものです。

バタコさんは夕焼けに向かって、旅に出てしまったおむすびまんに感謝の気持ちを伝えました。もちろん彼女の声は届くことはありませんでしたが、きっと気持ちは届いていたのではないでしょうか。おむすびまんも旅路で、この埋め合わせは必ずするとつぶやいていましたから。

《テーマ：かっこよさ》

ふうん。

変わった人だなぁ……

――アンパンマン

23話「アンパンマンとソフトクリームマン」
（1989年3月20日放送 Bパート）

スタイルもルックスもよく、絶大な人気を誇るソフトクリームマン。彼は自分の容姿に相当な自信を持っています。だからアンパンマンと出くわした時、彼になぜ人気があるのかわからなかったようです。

そして失礼なことに、本人に向かって、マントがださいとか、自分の人気にはかなわない、でも二番目くらいにはなれるかもしれない、などといいます。

そんなことをいわれたアンパンマン。普通は気を悪くして怒るところでしょう。しかし、笑顔でさらっとこういって去っていきます。「ふぅん。変わった人だなぁ……」と。

これは別に、アンパンマンが負け惜しみをいっているわけでも、人格者ぶっているわけでもありません。彼は心の底からソフトクリームマンのいっていることを不思議に感じたのでしょう。なぜなら、アンパンマンの辞書に姿かたちのかっこよさなどないからです。

今の時代、ルッキズムは問題だといわれています。ルッキズムとは、容姿で人を判断するような態度のことです。ソフトクリームマンは、まさにそういう態度でアンパンマンを見くだしたわけです。

でもそれは、アンパンマンにとっては、変わった人にしか映らなかったようです。彼にそういった発想がないのだから、当然でしょう。なぜ、そのような基準で人を判断したり偉そうにしたりするのかが、わからなかったのです。


その後、ソフトクリームマンはばいきんまんに狙われ、危険な目に遭います。そこを助けてくれたのが、やはりアンパンマンでした。

ソフトクリームマンは不思議に思います。いったいなぜ、あんなひどいことをいった自分を助けてくれるのかと。それに対してアンパンマンは、困っている人を助けるのは当たり前だといってのけます。


この一連の出来事を経て、ソフトクリームマンはようやくかっこよさの真の意味を知ります。人を姿かたちで判断してはいけないと気付くのです。

では、かっこよさとは何か？　それは、アンパンマンの行動を見ればよくわかります。

そう、やさしさです。誰に対してもやさしい人こそが、かっこいいのです。逆に、かっこいい人になりたいのであれば、やさしくすればいいのです。これはある意味で朗報です。姿かたちを変えるのは大変ですが、他者にやさしくするのはいつでも誰でもできますから。

姿かたちにこだわるソフトクリームマンのことを、アンパンマンが変わった人だといった時、皆さんは正直どう感じましたか？　アンパンマンの方こそ変わってると感じたのではないでしょうか。

アンパンマンに共感できるようになった時、私たちは本当のかっこよさを手に入れるのだと思います。昔は子どもたちと同じようにアンパンマンのやさしさをかっこいいと思えていたはずなのに、いったいいつから「変わった人」になってしまったのか……。

第9章

愛

ねぎらい、気持ち、
おおらかさ、心、親子

《テーマ：ねぎらい》

みんなと一緒に
夕焼けを見たくなったんだ

――ジャムおじさん

1122話「ジャムおじさんの休日」
（2012年4月13日放送 Bパート）

毎日みんなのためにパンを焼いているジャムおじさん。そんなジャムおじさんをねぎらおうと、アンパンマンやバタコさん、メロンパンナちゃんたちが、みんなであるプレゼントを用意します。それは、ジャムおじさんの休日です。

みんなが毎日笑顔でパンを食べてくれるのがうれしいというジャムおじさんに、明日はゆっくり休んで欲しいとお願いします。

その思いを聞いたジャムおじさんは、かつて行ったことがあり、もう一度見たいと思っていた谷の夕焼けを見に行くことにしました。その間みんなは留守番をして、パン工場をきれいに掃除しておくことにします。

翌朝、みんなでジャムおじさんにお弁当を作ってあげました。オートバイの荷物ケースにそのお弁当を入れて、楽しそうに出発するジャムおじさん。もちろん途中でいつものばいきんまんの邪魔が入るのですが、ジャムおじさんがオートバイで振り切ったり、アンパンマンが助けてくれたりして、難を逃れます。

そうして無事谷に到着したジャムおじさんは、ゆっくりとした時間を過ごし、コーヒーを沸かしてお弁当を開きます。すると、中にはみんなの笑顔がかたどられたおかずがたくさん入っていました。それを見たジャムおじさんは、夕焼けを待つことなく家路につきます。

早く帰ってきた自分を心配するみんなに、ジャムおじさんはこういうのです。「みんなと一緒に夕焼けを見たくなったんだ」。そして、そこは谷ではありませんが、みんなで一緒にきれいな夕焼けの景色を楽しみました。

ジャムおじさんをねぎらうみんなの愛、その愛に応えようとするジャムおじさんの愛。なんとも美しい愛の連鎖ですよね。改めて愛というのは、与えるものなのだと感じました。誰かを愛するから、みんなから愛されるのです。

愛されたいと思っているだけでは、誰も愛をくれません。相手を気遣い、相手のために自分を犠牲にするその姿が、その愛に報いたいという思いを生むのです。

その意味で、愛とは「合い」なのだと思います。思い合い、助け合い、ねぎらい合うその気持ちこそが愛の本質なのではないでしょうか。

そもそも、一人で愛は成り立ちません。愛する相手がいて、その気持ちと気持ちが重なり合うことで初めて、愛が生まれる。

そのためには、努力も必要です。そのプロセスはパンを焼くのに似ているのかもしれません。

旅の途中で、ジャムおじさんはお腹を空かした子どもたちに出逢います。そこで石を集めて窯を作り、持ってきた小麦粉でパンを焼いてあげたのです。ジャムおじさんは、せっかくの休日にパンを焼くのは嫌だなどとは思いません。このジャムおじさんのやさしい気持ちが、みんなから愛される理由なのでしょう。

うちに戻ってきたジャムおじさんは、幸せそうに夕焼けを見つめていました。きっとアンパンマンやバタコさんたちの愛をかみしめていたのでしょう。その夕焼けはとてもきれいに輝いていたのですが、みんなの愛はそれに負けないくらいきれいに映っていました。

《テーマ：気持ち》

しょくぱんまんに
飲んでもらいたくて
一生懸命作った
ハーブティーなの

――ハーブちゃん

518話「ドキンちゃんとハーブちゃん」
（1999年4月30日放送 Bパート）

日頃からわがままで意地悪なキャラクターとして、アンパンマンはおろか、あのばいきんまんをも困らせているドキンちゃん。そんな彼女ですが、しょくぱんまんに恋をしています。彼の前だけでは素直でかわいい普通の女の子になるのです。

そんなドキンちゃんは、ある日しょくぱんまんがハーブティーを飲んでいるのを見て、自分もしょくぱんまんにハーブティーを淹れてあげたいと思うようになります。そこで身分を偽り、ハーブティーを淹れるのが得意なハーブちゃんの下で修行を始めます。ただ、ドキンちゃんにとっては初めての経験。なかなかうまくいきません。

そうしてやっとのことで作ったハーブティーですが、しょくぱんまんに届ける途中、疲れて動けなくなった山羊のおじいさんを見て、悩んだ末にあげてしまいます。

その後、事実を知ったしょくぱんまんがドキンちゃんの前に現れて、もう一度ハーブティーを淹れて欲しいと頼みます。ドキンちゃんは涙をぬぐって月明かりの下でしょくぱんまんに美味しいハーブティーをふるまいました。


なんとも素敵なラブストーリーです。人は誰かを本気で好きになると、こんなふうに素直になれるのだと思います。

普段ドキンちゃんが意地悪なのは、意地悪なばいきんまんと一緒にいるからではないでしょうか。本当の彼女は、素直でやさしい気持ちを持った女の子です。だから、心を寄せるしょくぱんまんの前では素直になります。そして、遅くまで働くしょくぱんまんの疲れを癒してあげたいと、一生懸命ハーブティーを作ってあげるのです。


ハーブティーに限らず、手料理は愛情を示すための最高の手段だといっていいでしょう。食べ物や飲み物は、人間が直接体に入れるものです。それによって健康になったり、幸せな気持ちになったりします。食べ物を通して相手を支えるので、手料理で愛が伝わるわけです。

ドキンちゃんが作ったハーブティーにも、彼女の気持ちが込められていました。それを飲んだ山羊のおじいさんは、心から味わっていました。しょくぱんまんのために作ったハーブティーですが、心を込めて作ったものは、万人の心を打つのです。

そして、その素直で純粋な気持ちが備わっていたからこそ、しょくぱんまんにも伝わったのでしょう。

普段私たちは、言葉で気持ちを表現します。たとえば、「好き」とか「愛してる」というふうに。

でも、言葉を超えた気持ちの伝え方もあります。その一つが手料理なのだと思います。愛は、言葉では表現し尽くすことができません。人の気持ちは言葉ではできていませんから。

それは温もりであったり、刺激であったり、はたまた香りであったりするのでしょう。

だから言葉でうまく伝えられない時は、温かいお茶を淹れてあげればいいのです。一生懸命心を込めて。そうすれば、きっと伝わるはずです。ドキンちゃんのハーブティーがしょくぱんまんの心に染み渡ったように。

《テーマ：おおらかさ》

甘くておいしいお菓子
でいるためには、
心を豊かに持って、
明るくおおらかでなくてはね

――シュークリームくん

27話「アンパンマンとおかしのくに」
（1989年4月17日放送 Aパート）

遠くにパトロールに出たアンパンマンは、疲れて風に飛ばされ、ある国の砂浜に倒れ込んでしまいました。そこで彼を救ってくれたのは、アイスクリームやケーキ、そしてシュークリームといったお菓子たちでした。

元気になったアンパンマンは、シュークリームくんに国の中を案内してもらいます。途中ジェリーちゃんとシャーベットくんに出逢うのですが、彼らの明るくてやさしい性格に感動します。そんなアンパンマンに、シュークリームくんはこういいます。「甘くておいしいお菓子でいるためには、心を豊かに持って、明るくおおらかでなくてはね」と。

そう、このおおらかさが、争いをなくし、国を平和に保っていたのです。

ところがそこに、ばいきんまんが現れます。お菓子を盗みに来たのです。彼に対抗するには武器が必要ですが、お菓子の国には武器などないといいます。あるのは砂糖くらいだと。

それを聞いてアンパンマンは、ジャムおじさんが作っていたべっこう飴のことを思い出します。砂糖を溶かして固めたお菓子です。アンパンマンは溶かした熱々のべっこう飴をばいきんまんにかけて、固めて動けなくすることに成功しました。

こうしてお菓子の国の平和は、無事守られました。人々はまた、元の平和な日常を取り戻したのです。

人間が憎しみ合うことなく平和に過ごすためには、おおらかさが必要です。武器は必要ありません。

結果的に今回は砂糖が武器となりましたが、それはあくまで外部からの敵に立ち向かうためでした。例外的に自分たちの資源を別の用途に活用しただけのことで、少なくとも国内の平和を保つためには、武器はいらないのです。

いや、もしかしたらこのおおらかさこそが、この国の武器なのかもしれません。それも人を痛めつけたり脅したりするための武器ではなく、憎しみや怒りを封じ込めるための武器です。誰もがおおらかでいれば、憎しみや怒りの出る幕はありませんから。

それは世の中を平和にするだけでなく、一人ひとりの心も美しく保つことができます。シュークリームくんがいっていたように、甘くておいしいお菓子でいられるのです。人間でいえば、心の美しい素敵な人でいられるということでしょう。

その意味で、おおらかさはみんなのために必要なだけでなく、自分自身にとっても大切な要素だといえます。

おおらかな気持ちでいる時、私たちは自然と笑顔になります。また、他者の気持ちを受け入れたり、誰かのために行動することもできます。そうすればイライラすることも、後悔することもないでしょう。


このおおらかさのことを、愛というのではないでしょうか。アンパンマンには愛があるといいますが、その愛の本質は、おおらかさであるように思えてなりません。

彼の笑顔が素敵なのは、おおらかさがにじみ出ているからなのです。もちろん彼の顔が甘くておいしいのも！

《テーマ：心》

心が温かくないと美味しい料理は作れないんだよ

――ジャムおじさん

6話「アンパンマンとたこやきまん」
（1988年11月7日放送 Aパート）

自分の作るタコ焼きに絶大の自信を持ったこやきまん。ところが、みんなは彼のタコ焼きを「まずい」といいます。アンパンマンに濡れ衣を着せて、タコ焼きを盗んだばいきんまんでさえ憤慨する始末。でも、たこやきまんは自分のタコ焼きへの揺るぎない自信があるため、アンパンマンのことを犯人だと思い込んで責めます。

誤解が解けた後、たこやきまんはようやく素直になって、自分のタコ焼きとジャムおじさんの作ったタコ焼きとを食べ比べました。そして初めて、自分のタコ焼きのまずさに気づきました。

驚いたたこやきまんは、いったいどうすればこんなに美味しいタコ焼きが作れるのかと、ジャムおじさんに尋ねました。

するとジャムおじさんは、何も難しいことではないと答えます。美味しいタコ焼きを作りたいという心と、食べる人を喜ばせたいという思いを一つひとつのタコ焼きに入れるだけでいいと。

そして、「心が温かくないと美味しい料理は作れないんだよ」とアドバイスします。

どうやらたこやきまんは、自信過剰になっていたようです。だから独りよがりな作り方をしてしまっていたのでしょう。料理を作るということは、決して一方的な行為ではなく、食べてくれる人との相互行為です。その点では、どんな調味料を入れるよりも、愛情を注ぐことこそが大切なのだと思います。

これは別に精神論ではなく、ある種のスキルです。温かい心があれば、相手が何を望むか、どんな味を求めているかがわかります。

自分の考える美味しさを押し付け、それが伝わらないからといって怒るのは、あまりにも不条理です。料理ではないという意味で、不料理と呼んでもいいかもしれません。ジャムおじさんの場合、パンを作る時は、いつも食べてくれる人の喜ぶ顔を思い浮かべているのでしょう。だから、毎回焼きあげるアンパンマンの顔も、誰もが美味しいと喜んでくれるのです。アンパンマンが新しい顔によって普段の100倍の力を出せるのも、きっとジャムおじさんの愛情のおかげなのだと思います。

もしかしたら、この部分は精神論なのかもしれません。でも、理屈のある精神論です。作ってくれた人の愛情を感じる時、人はその思いに応えようと頑張るものだからです。

受験生がお母さんの愛情のこもったお弁当を食べると、いつもの何倍も力が発揮できるのではないでしょうか。料理は、愛情表現の一つだといえるでしょう。手料理が喜ばれるのは、そうした理由からです。

たこやきまんは心を入れ替えて、世界一、いや宇宙一のタコ焼きを作ると誓っていました。そのためには、世界一の愛情、宇宙一の愛情を注げばいいのです。

もし本当にそんなタコ焼きを作ることができたら、この世界や宇宙はもっと平和になると思います。食べた人たちが愛情によってやさしい気持ちになれるはずだからです。

アンパンマンの顔を食べた子どもたちが、いつもとびっきりの笑顔になるように。

《テーマ：親子》

いやいや、
親にとっては子どもは
いつまでも子どもなんだよ

――ジャムおじさん

26話「アンパンマンとてんどん母さん」
（1989年4月10日放送 Bパート）

母親に追いかけられて、パン工場に逃げ込んできたてんどんまん。どうやら彼の親であるてんどん母さんは、息子が人に迷惑ばかりかけていると勘違いしていたようです。誤解が解けると、安心して帰っていきました。

ほっとしたてんどんまんは、もう自分は子どもじゃないとこぼします。するとジャムおじさんは、こういって彼を諭しました。「いやいや、親にとって子どもはいつまでも子どもなんだよ」と。

たしかにその通りです。親と子どもの年齢が逆転することはありませんし、立場が入れ替わることもありません。一度親子になれば、その関係はずっと続きます。

子どもの方はいずれ大人になりますから、いつまでも親に子ども扱いされるのは嫌だと感じるかもしれませんが、それは仕方のないことなのでしょう。


しかし、まったく同じ関係が続くというわけではありません。てんどんまん親子の場合もそうでした。

物語の中で、てんどん母さんはばいきんまんにさらわれ、アンパンマンをおびき寄せるための人質にされてしまいます。自分の親だから自分が助けると、一人でばいきんまんのところに向かったてんどんまん。そこで彼は、成長を見せます。

　ひきょうなばいきんまんは、お母さんがどうなってもいいのかと彼を脅します。もちろんてんどん母さんは、自分はどうなってもいいというのですが、てんどんまんは、母親を見捨てません。

　子を思う親の気持ち、そして親を思う子の気持ち。親子というのは見えない愛で結ばれていて、その愛が大きな力になるのです。

最後はてんどんまんが捨て身の覚悟で母親の縄をほどき、アンパンマンと協力してばいきんまんを退治することに成功します。


　親子が力を合わせると最強になるのは、決して1＋1が2になるからではなく、1＋1が無限大になるからだと思います。

　親も子も互いに、自分のことを犠牲にしてでも相手を守ろうとするからです。自分を犠牲にするという行為は、1を無限大にします。捨て身ほど強いものはありません。

互いにそれをするのですから、１＋１は無限大、いや無限大＋無限大になるといってもいいでしょう。

自分を犠牲にしてでも相手を守ろうとする気持ちのことを、無償の愛と呼びます。それは人間の美しさの根源だといえるでしょう。

誰しも親がいます。たとえもう亡くなってしまったとしても。人間は親から生まれます。その事実は、永遠に消えることはありません。

言い換えると、人間には必ず無償の愛の芽があるのです。それがわからないと、人間としての美しさを失ってしまう危険性があります。

今回の物語では、珍しくジャムおじさんが声を荒らげるシーンがあります。てんどんまんが親のことをおせっかいでうるさくて困ったもんだといった時、ジャムおじさんはそんなことをいったらバチがあたると戒めたのです。

きっと人間にとって一番大事なことを伝えたかったのでしょう。無償の愛の美しさを。

第10章

生きる意味

幸せ、のんびり、勝ち負け、
人の役に立つ、目標

《テーマ：幸せ》

でも
ハッピーの押し付けは
よくないわよ

――バタコさん

117話「アンパンマンとゆかいなトランクマン」
（1991年1月21日放送 Bパート）

幸せとは何でしょうか？　泣いている子がいれば、誰だって笑顔になって欲しいと思うはずです。元気がない子がいれば、誰だって元気になって欲しいと思うはず。しあわせぼうやは、まさにそんなやさしい子です。彼はみんなを幸せにしたいがゆえに、つい熱くなってしまいます。仲間のトランクマンたちと一緒にトリオで街を練り歩き、世界中の人たちを笑顔に変えていくことが目標です。

しあわせぼうやは、思わず踊り出したくなるような楽しい笛の音でみんなの心を明るくし、トランクマンたちはそれに合わせて風船を飛ばして人々を喜ばせます。彼らはみんなの喜ぶ姿を見るのが大好きです。

だからバタコさんやジャムおじさんたちに会った時、「もっとハッピーになりたいんだね？」と聞きました。ところが、バタコさんもジャムおじさんも現状に満足しているので、このままでいいと答えます。

それを聞いたしあわせぼうやは憤慨します。せっかく幸せにしてあげようと思ったのに、と。

幸せとはいったい何なのか？　誰もが幸せになりたいはずなのに、それを押し付けられると、途端に嫌になってしまう。バタコさんは、しあわせぼうやに対してきっぱりこういいました。「でもハッピーの押し付けはよくないわよ」と。

なぜハッピーの押し付けはよくないのでしょう？　誰もが幸せになりたいのなら、たとえ押し付けられたとしても、感謝すべきではないでしょうか。

いや、おそらくそれは違います。幸せとは、自分で自発的に動いて獲得するものなのでしょう。幸せになりたいと感じた人が、努力して、懸命にあがくことによって、ようやく手に入れることができるもの。それが幸せの本質です。自分で手に入れた幸せはうれしいですが、人から「これが幸せだ」といわれて押し付けられても、ちっともうれしくないのです。

もちろん、自分の力では幸せを手にすることができず、途方に暮れているような場合は別かもしれません。でも、その場合でも、すべてを与えられるのではなく、あくまで自分で幸せを手に入れる手伝いをしてもらえることが、大事なのだと思います。

そうでないと、与えられた幸せは、やはり自分の求めるものではなくなってしまうからです。

そう、幸せとは、求めることによって初めて成り立つものなのです。求めてもいないのに与えられる幸せは、違和感でしかありません。

その証拠に、しあわせぼうやからハッピーを強制されたばいきんまんは、楽しく踊ることに対して違和感を覚えていました。「体がいうことをきかないぞ」と。踊ることは楽しいことのはずなのに、なぜか変な気持ちになっているのです。

もしかしたら日頃、私たちもそんな経験をしているかもしれません。幸せなはずなのに、なぜかしっくりこない。それは自分が求めて、自分で手に入れた幸せじゃないからではないでしょうか？

あるいは、人を幸せにしているつもりなのに、なぜか相手が喜んでいない時も同じです。本当に相手がその「幸せ」を求めているのかどうか、よく考えてみなければなりません。自分でも気づかないうちに、「ハッピーの押し付け」になっていないかどうか。

《テーマ：のんびり》

心地よき 秋も深まる 虫の声
慌てず焦らず のんびりと

――ちゃわんむしまろ

1144話「ちゃわんむしまろとしめじまん」
（2012年10月12日放送 Aパート）

料理をふるまっていた時、慌てて焦ったことで失敗し、まつたけまんに怒られたしめじまん。彼はすっかり元気をなくして、泣きながら森の中に逃げて行きました。そこで、ちゃわんむしまろと出逢います。そして、「慌てず焦らずのんびりと」と言葉をかけられます。ちゃわんむしまろと一緒にのんびり風流を感じるうちに、しめじまんは元気を取り戻しました。

落ちているどんぐりに目をやり、一つだけかさがないものには、新しいかさを見つけてあげます。秋の美しい紅葉を楽しんだり、虫の音に耳を傾けて歌を詠んだりして、ゆったりひとときを過ごしました。そこでちゃわんむしまろが詠んだのが、「心地よき秋も深まる 虫の声 慌てず焦らず のんびりと」という歌でした。

しめじまんに限らず、私たちもつい、仕事や生活の些事に追われて余裕がなくなってしまいます。でも生きる上で、慌てず焦らずのんびりすることは、とても大切なことです。

そもそも慌てたり焦ったりしてしまうのは、個人的な性格だけでなく、社会にも問題があると思います。テクノロジーの進化で、どんどん複雑化するこの世の中。私たちはその社会のシステムに、駆り立てられるかのように生きています。

1日の時間は限られています。そのため、どうしても生産性を上げることが至上命題になるのです。その結果、タイムパフォーマンスのような考え方が常識となり、気づけば誰もが、慌てたり焦ったりして日常を過ごすはめに。

だから、ちゃわんむしまろのように、誰かがのんびり過ごすことの大切さを説いてくれない限り、その異常さに気づかないのです。皆あくせく生きるのが当たり前だと思っているのですから。

もちろんそれで平気なら何も問題ありません。ただ、人間は生き物です。自然のリズムの中で、自然の時間の流れの中で生きるのが、本来の姿です。だからテクノロジーに合わせると、体が疲れるだけでなく、心が病んでしまいます。現代社会において心を病む人が増えているのは、決して偶然ではありません。

いったいいつから私たちは、美しい紅葉を見るよりスマホで動画を、心地いい虫の音よりもヘッドホンで音楽を楽しむようになったのでしょうか。
移動もそうです。電車や車は便利ですが、少し歩けば様々な出会いや発見があるはずです。

どうやら刺激や効率を求め過ぎた結果、生きる上での大切なものを見失ってしまっているような気がしてなりません。おそらく刺激や効率性を追求することが、人生の目的に到達するための近道だと思っているのでしょう。

でも本当は、自然の中をのんびり歩くことこそが、遠回りなようで、一番の近道なのです。

ちゃわんむしまろと自然の中を散歩したしめじまんは、新しいかさを付けてもらったあの小さなどんぐりを握りしめていました。きっと現実の中で新しい生き方を見つけた自分に重ねていたのでしょう。慌てず焦らず、のんびり生きる自分に。

《テーマ：勝ち負け》

いつも
最後に負けるのは
誰かな？

——アンパンマン

36話「アンパンマンとパズルどり」
（1989年6月19日放送 Aパート）

パズルどりが主催するパズルレース。賞品を獲得するために、アンパンマンと子どもたちはパズル島に向かいます。ところが、またしてもばいきんまんとドキンちゃんが、レースの邪魔をしようとします。

なんと彼らは、外から賞品を盗み出そうとするのです。これに対してアンパンマンたちは、仲間と力を合わせてクイズに答え、パズルを解くことで前に進んでいきます。そして賞品にたどり着いたところで、ちょうどばいきんまんたちと鉢合わせになりました。

アンパンマンは苦戦を強いられながらも、最後はばいきんまんを撃退します。「いつも最後に負けるのは誰かな？」と叫びながら。ばいきんまんは「いわない～」と答えますが、アンパンマンは容赦なくアンパンチを繰り出し、自らその問いに答えます。「それは、ばいきんまんさー！」と。

この活躍もあって、アンパンマンはレースの優勝者として認定されます。最後は必ず、正しい方が勝つのです。

これは、人生にもあてはまります。失敗も敗北も挫折もありますが、最後に勝てばいいのです。平坦な人生などありません。生きるということは、常に難問と格闘するパズルのようなものです。

そのパズルのような人生に打ち勝つためには、知恵を使うのはもちろんのこと、他者との協力が不可欠です。一人でできることは限られていますから。

アンパンマンも、みんなで協力すればどんなパズルも答えられると仲間を鼓舞し、実際にそれを実践したからこそ、ゴールまでたどり着けました。

何よりいけないことは、ズルをすることです。するのはパズルであって、ズルではありません。その点ばいきんまんは、一番やってはいけないことを、いつもしています。今回はドリルで壁に穴を開けて、賞品を盗もうとしました。

いつもばいきんまんが負けるのは、決して力がないからではなく、こうしてズルをするからなのでしょう。正々堂々と正しいやり方で戦っていれば、もしかしたらアンパンマンに勝てることもあるかもしれません。自ら天才と豪語しているようになかなかのアイデアマンですし、そのアイデアを実行するガッツもありますから。

スポーツにも同じことがいえます。同じ人、同じチームが必ず勝つということはありません。皆それぞれ強みと弱点があるので、誰もがズルをすることなくフェアな状態で戦えば、様々な結果が起こり得ます。それが、本当の戦いというものです。ばいきんまんがやっているのは、その意味で、戦いでもなんでもないのでしょう。ただの、ズルい攻撃にすぎません。だから、負けるのです。

とはいえ、人間は弱いものです。常にフェアな戦いができるとは限りません。もしかしたら私たちも、気づかない間にズルをしている可能性があります。

それは、自分がなかなか勝てない時に気づきます。努力しているはずなのになぜか勝てない時は、ぜひ、自分自身を疑ってみてください。

《テーマ：人の役に立つ》

お腹の空いた人の
役に立てるなんて、
僕うれしいな

――アンパンマン

1話「アンパンマン誕生」
（1988年10月3日放送）

そもそもアンパンマンはどのようにして誕生したのでしょうか？　実はアンパンマンは単にジャムおじさんがアンパンを焼いて生み出したわけではなく、星から命をもらうことで誕生しました。

ジャムおじさんは心を持ったアンパンを作りたいと、日夜パン作りに励んでいました。そんなある日、星がとってもきれいな夜、たくさんの流れ星がパン工場に降ってきたのです。その星たちがジャムおじさんの作ったアンパンに命を宿します。アンパンマンはこうして、この世に生まれました。

最初はあかちゃんでしたが、徐々に力と勇気、そしてやさしい心を育んでいきます。森でお腹を空かせた犬に出逢い、初めて自分の顔をあげた時、早くも自分の使命を認識したようです。彼はこんなふうにいっていました。「お腹の空いた人の役に立てるなんて、僕うれしいな」と。

ちなみに、その時の犬が、後に仲間になるチーズでした。チーズは世界で初めてアンパンマンの顔を食べた存在です。人の役に立つことができたアンパンマンは、胸があったかくなるともいっていました。きっとアンパンマンはこの時、自分が生きる意味を実感したのでしょう。

この世には、二種類の人間がいるように思います。それは、人の役に立てるように生きる人と、人に迷惑をかけながら生きる人です。アンパンマンが前者であることは間違いありません。では、後者は……そう、ばいきんまんです。

このアンパンマン誕生のエピソードでは、同時にばいきんまんも誕生しています。ばいきんまんはタマゴの状態で、流れ星を追いかけて地球にやってきました。そのタマゴに雷が落ち、ばいきんまんが生まれます。そして自我に目覚めたばいきんまんは、アンパンマンをやっつけるために生まれてきた、といい始めます。まさに人に迷惑をかけることが、彼の生きる意味なのです。

もちろん生きるための原動力は人それぞれです。時には憎しみや復讐心が、生きる気力につながることもあるでしょう。でも、それはとても悲しいことです。

世の中には、たくさんの人が生きています。その中の誰かの役に立つことで、喜んでもらうことができます。すると自分も、胸があったかくなり、人生はもっと豊かになるのです。

ところがばいきんまんのように、人をやっつけること、困らせることを目的にしていると、当然嫌がられます。誰からも相手にされなくなるでしょう。たくさんの人がいる中で自分だけが仲間外れになるのは、とても辛いことではないでしょうか。

その意味で、人の役に立つということは、共に生きるという言葉に置き換えることができるようにも思います。人間は、一人では生きていけません。だから共に生きる必要があります。そのためには、一人ひとりが誰かの役に立つという意識で、日々を過ごさなければならないのです。

そういえば、アンパンマンは星から生まれたわけですが、夜空の星たちもまた、毎晩私たちを照らし、素敵な気持ちにしてくれますよね。もしかしたらアンパンマンは、地上に舞い降りた星なのかもしれません。だって、みんなのスターなのですから。

《テーマ：目標》

やったぁ百勝目だぁ！
賞品はみんなにあげるよー

――ホットドッグ

31話「アンパンマンとホットドッグ」
（1989年5月15日放送 Aパート）

ドッグレーサーとして各地を転々としているホットドッグ。彼はチーズを誘って、一緒にドッグレースに出ることにしました。ホットドッグにとってそれは、百勝目がかかった大事なレースです。

ところがそのレースには、犬に化けたばいきんまんも参加しています。そしていつも通り、賞品を横取りするためにズルい手を使ってみんなの邪魔をします。それでもアンパンマンとチーズの活躍によって、なんとかレースを続けることができました。

最後はホットドッグが一番にゴールして、見事、百勝目を飾ります。喜びにあふれるホットドッグは、こう叫びます。「やったぁ百勝目だぁ！　賞品はみんなにあげるよー」と。

彼にとってはレースで優勝することこそが大事なのであって、賞品などおそらくどうでもいいのでしょう。メダルさえ、チーズにあげていましたから。

これまでのメダルはバッグに入れて持ち歩いていたので、もちろん大切にしていることは間違いありません。今回はチーズの活躍のおかげで優勝できたということもあり、プレゼントしたのでしょう。

それでもメダルを人にあげてしまうという点からは、やはり、彼がモノや形にこだわっているのではないことがよくわかります。勝利という事実こそが、最も大事なのです。なぜなら、それは彼の人生の目標だからです。

実はホットドッグは、レース前少し自信をなくしていました。自分の力に衰えを感じ始めていたようです。でもジャムおじさんがマスタードを塗ってくれたことで、なんとか調子を取り戻しました。そしてレースで優勝して、完全に自信を回復させます。別れ際には、これでまたレースが続けられるといっていましたから。

彼に必要なのは、自信だったのです。人生の目標に立ち向かっていくための自信。すでに99回も優勝しているので、自信などたっぷり持ち合わせていてもおかしくありません。しかし、人は忘れてしまう生き物なのでしょう。忘れた自信を取り戻すには、きっかけが必要だったのだと思います。

ホットドッグは、みんなと撮った記念写真だけはもらっていくといいます。自信をなくした時に、今回のことを思い出すためではないでしょうか。

よく、走り切ることではなく、走り続けることに意味を見出す人がいます。私もその一人です。

そういう人にとって、すべては通過点です。失敗や挫折も含めて。だから、賞品やメダルは意味をなしません。それより、自信の方が何倍も大切なのです。

自信こそが走り続けることを可能にし、走り続ける根拠を与えてくれます。そして自分がこの地球で生きる意味を教えてくれるのです。

人生百年時代といいます。そんなに長い間、毎日を生き生きと過ごすためには、きっとこのホットドッグのように自信を持ち続けることが不可欠なのでしょう。たとえ何度負けることがあるとしても。いつの日か彼のように叫びたいものです。「やったぁ百歳だぁ！」と。

おわりに

アンパンマンになりたいと願う皆さんへ

アンパンマンの哲学、いかがでしたでしょうか？　彼らの行動には勇気づけられますし、みんないいことをいいますよね。決して凝った言葉ではないですが、素直な感情の吐露が、その素直さゆえに私たちの心を打ちます。

『アンパンマン』のストーリーを何話も見直して、純粋に彼らの仲間になりたいと感じました。あの世界に入り込んで、自分もきれいな心で人の役に立ちたいと。

この世の中には間違ったことがたくさんあります。自分は恵まれているかもしれないけれど、どこかでお腹を空かして泣いている、あるいは困って助けを求めている人がいるはずなのです。

アンパンマンにはそうした人々の声が聞こえます。そしてその声を聞くや否や、彼は一目散に現場に飛んでいき、力がなくなることがわかっていても、自分の顔をあげたり、困っている人を捨て身で助けたりするのです。

その姿に子どもだけでなく、大人も熱くなりますし、自分もまた同じように活躍したいと思うようになるのです。きっと誰の心にもヒーローの芽のようなものがあるのだと思います。

ただ、その芽を開花させるのは簡単ではありません。なんらかの背中を押してくれる力が必要なのです。人間は皆自分のことで精一杯ですし、不器用で、弱気な存在ですから。私もそんな一人でした。

その時、今回の本の企画をもらって、運よく『アンパンマン』を見る機会を得ました。それが私の背中を押すきっかけになったことはいうまでもありません。

今、私は人の役に立ちたくてうずうずしています。

本書が、本当はアンパンマンになりたいと願う皆さんの背中を押すきっかけになれば望外の幸せです。

小川仁志

小川仁志

哲学者·山口大学国際総合科学部教授。

1970年、京都府生まれ。京都大学法学部卒業。名古屋市立大学大学院博士後期課程修了。博士(人間文化)。徳山工業高等専門学校准教授、米プリンストン大学客員研究員を経て現職。専門は公共哲学。フリーター、商社、市役所を経た異色の経歴を持つ。「哲学カフェ」を主宰するなど、市民のための哲学を実践している。テレビをはじめ各種メディアでも積極的に発言。著書も多く、これまで百数十冊を出版している。YouTube「小川仁志の哲学チャンネル」でも発信中。

https://www.philosopher-ogawa.com/

デザイン——藤田 康平(Barber)
カバー写真—ふじたこうへい
編集協力——八文字 則子　村上 結美
校正————滄流社
編集————山中 千穂

愛と勇気とアンパンマンの言葉

発行日　2025年3月1日　第1刷発行

著 者　小川 仁志
発行者　清田 名人
発行所　株式会社内外出版社
〒110-8578 東京都台東区東上野2-1-11
電話 03-5830-0368(企画販売局)
電話 03-5830-0237(編集部)
https://www.naigai-p.co.jp/
印刷・製本　中央精版印刷株式会社

JASRAC 出 2500288-501

ISBN978-4-86257-730-6